0,75

Herbert Matis
Der »Entrepreneur« als dynamisches
Element im Wirtschaftsprozess

Wiener Vorlesungen im Rathaus

Band 88
Herausgegeben für die Kulturabteilung der Stadt Wien
von Hubert Christian Ehalt

Vortrag im Wiener Rathaus
am 27. November 2000

Herbert Matis

Der »Entrepreneur« als dynamisches Element im Wirtschaftsprozess

Schumpeters Beitrag zur Theorie unternehmerischen Verhaltens

Picus Verlag Wien

Copyright © 2002 Picus Verlag Ges.m.b.H., Wien
Alle Rechte vorbehalten
Grafische Gestaltung: Dorothea Löcker, Wien
Druck und Verarbeitung:
Druckerei Theiss GmbH, St. Stefan im Lavanttal
ISBN 3-85452-388-2

Die Wiener Vorlesungen im Rathaus

Die große Resonanz, die der Vortrag des berühmten deutschen Soziologen Prof. Dr. René König am 2. April 1987 im Wiener Rathaus bei einem sehr großen Publikum hatte, inspirierte die Idee einer Vorlesungsreihe im Rathaus zu den großen Problemen und Überlebensfragen der Menschen am Ausgang des 20. Jahrhunderts.

Das Konzept der Wiener Vorlesungen ist klar und prägnant: Prominente Denker stellen ihre Analysen und Einschätzungen zur Entstehung und zur Bewältigung der brisanten Probleme der Gegenwart zur Diskussion. Die Wiener Vorlesungen skizzieren nun seit Anfang 1987 vor einem immer noch wachsenden Publikum in dichter Folge ein facettenreiches Bild der gesellschaftlichen und geistigen Situation der Zeit. Das Faszinierende an diesem Projekt ist, dass es immer wieder gelingt, für Vorlesungen, die anspruchsvolle Analysen liefern, ein sehr großes Publikum zu gewinnen, das nicht nur zuhört, sondern auch mitdiskutiert. Das Wiener Rathaus, Ort der kommunalpolitischen Willensbildung und der Stadtverwaltung, verwandelt bei den Wiener Vorlesungen seine Identität von einem Haus der Politik und Verwaltung zu einer Stadtuniversität. Das Publikum kommt aus allen Segmenten der Stadtbevölkerung; fast durchwegs kommen sehr viele Zuhörer aus dem Bereich der Universitäten und Hochschulen; das Schöne an diesem Projekt ist jedoch, dass auch sehr viele Wienerinnen und Wiener zu den Vorträgen kommen, die sonst an wissenschaftlichen Veranstaltungen nicht teilnehmen. Sie kommen, weil sie sich mit dem Rathaus als dem Ort ihrer Angelegenheiten identifizieren, und sie verstärken durch ihre Anwesenheit den demokratischen Charakter des Hauses.

Es ist immer wieder gelungen, ReferentInnen im Nobelpreisrang zu gewinnen, die ihre Wissenschaft und ihr Metier durch die Fähigkeit bereichert haben, Klischees zu zerschlagen und weit über die Grenzen ihres Faches hinauszusehen. Das Besondere an den Wiener Vorlesungen liegt vor allem aber auch in dem dichten Netz freundschaftlicher Bande, das die Stadt zu einem wachsenden Kreis von bedeutenden Persönlichkeiten aus Wissenschaft und Forschung in aller Welt knüpft. Die Vortragenden kamen und kommen aus allen Kontinenten, Ländern und Regionen der Welt, und die Stadt Wien schafft mit der Einladung prominenter WissenschafterInnen eine kontinuierliche Einbindung der Stadt Wien in die weltweite »scientific community«. Für die Planung und Koordination der Wiener Vorlesungen war es stets ein besonderes Anliegen, diese freundschaftlichen Kontakte zu knüpfen, zu entwickeln und zu pflegen.

Das Anliegen der Wiener Vorlesungen war und ist eine Schärfung des Blicks auf die Differenziertheit und Widersprüchlichkeit der Wirklichkeit. Eine genaue Sicht auf Probleme im Medium fundierter und innovativer wissenschaftlicher Analysen dämpft die Emotionen, zeigt neue Wege auf und bildet somit eine wichtige Grundlage für eine humane Welt heute und morgen. Das Publikum macht das Wiener Rathaus durch seine Teilnahme an den Wiener Vorlesungen und den anschließenden Diskussionen zum Ort einer kompetenten Auseinandersetzung mit den brennenden Fragen der Gegenwart, und es trägt zur Verbreitung jenes Virus bei, das für ein gutes politisches Klima verantwortlich ist.

Fernand Braudel hat mit dem Blick auf die unterschiedlichen Zeitdimensionen von Geschichte drei durch Dauer und Dynamik voneinander verschiedene Ebenen beschrieben: »L'histoire naturelle«, das ist jener Bereich der Ereignisse, der den Rhythmen und Veränderungen der Natur folgt und sehr lange dauernde und in der Regel flache Entwicklungskurven aufweist. »L'histoire sociale«, das ist der Bereich der sozialen Strukturen und Entwicklungen, der Mentalitäten, Symbole und Gesten. Die Entwicklungen in diesem Bereich dauern im Vergleich zu einem Menschenleben viel länger; sie haben im Hinblick auf unseren Zeitbegriff eine »longue durée«. Und schließlich sieht er in der »histoire événementielle« den Bereich der sich rasch wandelnden Ereignisoberfläche des politischen Lebens.

Die Wiener Vorlesungen analysieren mit dem Wissen um diese unterschiedlichen zeitlichen Bedingungshorizonte der Gegenwart die wichtigen Probleme, die wir heute für morgen bewältigen müssen. Wir sind uns bewusst, dass die Wirklichkeit der Menschen aus materiellen und diskursiven Elementen besteht, die durch Wechselwirkungsverhältnisse miteinander verbunden sind. Die Wiener Vorlesungen thematisieren die gegenwärtigen Verhältnisse als Fakten und als Diskurse. Sie analysieren, bewerten und bilanzieren, befähigen zur Stellungnahme und geben Impulse für weiterführende Diskussionen.

Hubert Christian Ehalt

Der »Entrepreneur« als dynamisches Element im Wirtschaftsprozess

Schumpeters Beitrag zur Theorie unternehmerischen Verhaltens

Das Unternehmertum erlebt gegenwärtig eine Renaissance – dafür spricht zumindest eine Reihe von Indizien: An den meisten wirtschaftswissenschaftlichen Hochschulen wurden in den letzten Jahren unter tatkräftiger Mithilfe der Wirtschaft Lehrstühle für Entrepreneurship und Unternehmensgründung eingerichtet.[1] Von den Absolventen des Jahrgangs 2000 der Harvard Business School machten zwölf Prozent ihr eigenes Unternehmen auf, während es 1995 lediglich zwei Prozent waren.[2] Auch im World Wide Web findet man recht konkrete Hinweise, wie man ein Unternehmen startet – vom Business Plan bis zum Start up, und ein eigener »Business Channel« gibt detaillierte Auskünfte über Money & Finance, Sales & Marketing, Management, Technology, e-Commerce, bis hin zu Fragen des Entrepreneurial Lifestyle.[3] Offensichtlich korrespondiert dieses neu erwachte Interesse am Unternehmertum damit, dass immer mehr Menschen das Wagnis einer Unternehmensgründung eingehen wollen. Tatsächlich erscheint es einerseits für viele junge Leute durchaus attraktiv, den Weg der Selbständigkeit zu wählen. Andererseits sehen auch viele vorzeitig pensionierte ehemalige Manager darin eine denkbare Alternative zum aufgezwungenen Ruhestand. Eine andere Erklärungsvariante für den neuen Trend zur Selbständigkeit lautet, es könnte dies auch ein Ausdruck dafür sein, dass der öffentliche Dienst, der ehedem einen nicht unbeträchtlichen Teil der jungen Akademiker aufgenommen hat, in einer Zeit neoliberaler Deregulationen und restriktiver budgetärer Maßnahmen kaum mehr adäquate Beschäftigungsmöglichkeiten offeriert.

Was auch immer der Grund im Einzelfall sein mag, selbständiger Unternehmer zu sein gilt heute wiederum als erstrebenswert und erfährt auch entsprechende soziale Wertschätzung. Dies gilt vor allem für die neuen Leitsektoren und Wachstumsbranchen der so genannten New Economy, welche die Aufschwungphase des »postindustriellen« Kondratieff-Zyklus prägen. Dazu zählen zum Beispiel die Informationstechnologie, Mikroelektronik, Lasertechnik, Nano- und Gentechnologie. Jene Vorbildrolle, die im 19. Jahrhundert den Rockefellers, Vanderbilts, Carnegies und Astors beigemessen wurde, nehmen heute etwa die Gründer von Microsoft, William H. Gates und Paul G. Allen, sowie Lawrence J. Ellison von Oracle, oder Masayoshi Son und Jerry Yang vom Internet-Suchdienst Yahoo ein – Unternehmer, die auch die aktuelle Liste der Dollar-Multimilliardäre im *Forbes-Magazine* anführen. Es beweist sich übrigens auch hier, dass neue Leitsektoren neue Unternehmertypen hervorbringen, ein Phänomen, das bereits Joseph A. Schumpeter konstatierte, als er schrieb, dass es nicht die Betreiber der Postkutschenlinien gewesen sind, welche die Eisenbahnen gründeten.

Das schumpetersche Unternehmertheorem und dessen Anspruch, die Entwicklungsgesetze der Wirtschaft generell zu erklären, wurden wiederum zum Ansatzpunkt für eine Reihe aktueller Interpretationen, indem man den langfristigen Wechsel im Wachstumsrhythmus mit der Wirksamkeit von durch Unternehmerentscheidungen bewirkten Innovationszyklen erklärte. Seine Konzeption des »schöpferischen Wirtschaftsführers« rückte erneut in das Blickfeld des Interesses, ein Konstrukt, das er erstmals in seinem einflussreichen Jugendwerk »Theorie der wirtschaftlichen Entwicklung« (1912) darlegte und auf das er in seinen späteren Werken »Business Cycles« (1939) und »Capitalism, Socialism, and Democracy« (1942), wie auch in einigen kleineren Abhandlungen[4] immer wieder zurückgriff.

Dabei war dieser Trend zur neuerlichen Betonung der gestaltenden Rolle des Unternehmers für den Wirtschaftsprozess keineswegs vorherzusehen, denn es ist daran zu erinnern, dass noch in den sechziger und siebziger Jahren der Unternehmer als »Repräsentant einer kapitalistischen Verkehrswirtschaft« (Erich Gutenberg) gleichsam als »Leitfossil des Kapitalismus« interpretiert und vielfach als rein historische Figur aufgefasst wurde. Auch dabei konnte man sich auf Schumpeter berufen, der in seinem 1942 veröffentlichten Spätwerk »Capitalism, Socialism and Democracy« die damals provozierende These vertreten hat, der Kapitalismus werde nicht zuletzt an der – wie er es nannte – »Verengung des Spielraums der kapitalistischen Motivation« zugrunde gehen und in einer sozialistischen Gesellschaft münden.[5] Er führte dies darauf zurück, dass der innovatorische Unternehmer durch die im kapitalistischen System angelegte fortschreitende Rationalisierung und Automatisierung letztlich funktionslos werde. Der Kapitalismus zerbreche den ihn schützenden Gesellschaftsrahmen und die Rechtsbasis des freien Vertrags durch die permanente Einengung des individuellen Geltungsraumes und das individualistische Eigentumsrecht werde sozialisiert. Gerade der unbestreitbare Erfolg des Kapitalismus untergrabe also letztlich die gesellschaftlichen Einrichtungen, den Geist und die Werte der ihn tragenden bürgerlich-liberalen Gesellschaftsschichten.[6]

Die Frage, wer als Unternehmer anzusehen ist, wurde sowohl theoretisch als auch begrifflich vielfach erörtert. Die Sozialwissenschaften haben dazu eine Reihe von Unternehmertheoremen zur begrifflich-funktionalen Bestimmung und Darstellung des Realtypus des Unternehmers entwickelt. Mit unterschiedlicher Gewichtung werden dabei verschiedene Kriterien hervorgehoben, die gemeinhin als konstitutiv für die Träger unternehmerischer Funktionen gelten können. Zu diesen Kriterien zählen etwa die Risikobereitschaft, das Treffen maßgeblicher Entscheidungen im Unternehmen, oder die schöpferische Erneuerung und ständige Bereitschaft zur mutativen Anpassung der Unternehmensstrategien an die sich permanent verändernden Umfeldbedingungen. Solche statuierenden Merkmale treten im historischen Kontext allerdings in sehr unterschiedlicher Weise und Akzentuierung als jeweilige Attribute des Unternehmers in Erscheinung. Es erscheint daher sinnvoll, die Träger von Unternehmerfunktionen zumindest nach zwei verschiedenen Ansätzen zu analysieren, nämlich historisch-phänomenologisch und funktional-analytisch.[7]

Der Unternehmer aus historisch-phänomenologischer Sicht

Fritz Redlich[8] und Guido Turin[9] haben den historisch-phänomenologischen Diskussionsstand in mehr oder minder enzyklopädischer Weise zusammengefasst. Außerdem sind sie der interessanten Frage nachgegangen, inwieweit politische, soziale und kulturelle Verhältnisse die Entstehung eines innovativ tätigen Unternehmertums beeinflussen.[10] Seit den klassischen (religions)soziologischen Studien von Max Weber, Werner Sombart, Ernst Troeltsch und Alfred Müller-Armack werden ja immer wieder auch religiöse und andere soziokulturelle Elemente als Erklärungsfaktoren für bestimmte unternehmerische Grunddispositionen in verschiedenen gesellschaftlichen Konfigurationen herangezogen:

Während in England schon im 18. Jahrhundert der landbesitzende Adel sowohl durch die Gemeinsamkeit ökonomischer Interessen als auch über soziale und verwandtschaftliche Beziehungen mit der unternehmerisch-innovativen *middle class* verbunden war, stellten sich auf dem europäischen Kontinent die traditionellen Wertvorstellungen der aristokratischen Oberschicht den unternehmerischen Aktivitäten stärker entgegen.[11] In Großbritannien fand demgegenüber unternehmerische Tätigkeit von Beginn an das notwendige Sozialprestige.[12] Das kapitalistische Erwerbsstreben erfuhr darüber hinaus durch die anglo-schottische Moralphilosophie und klassische Nationalökonomie eine hinreichende gesellschaftliche, wirtschaftliche und ethische Legitimation. Diese gingen in Umkehrung aller tradierten Wertvorstellungen, die in Weiterführung der aristotelischen

Ethik auf den Zusammenhang von gesellschaftlichem und individuellem Wohl abstellten, davon aus, dass jeder in dem Maße zum Wohle der Gemeinschaft beitrage, wie er seinen persönlichen Vorteil verfolge.[13]

Vor allem in den Vereinigten Staaten mit ihrer neuen Klasse der *moneyed aristocracy* wurde nach Ansicht von Max Weber und Ernst Troeltsch diese Lebensphilosophie mit der kalvinistischen Prädestinationslehre verknüpft. Reichtum verschaffte und verschafft hier nicht nur soziales Prestige, sondern auch politischen Einfluss. Sozialer Status war nicht mehr primär von ererbter Standeszugehörigkeit, sondern vom ökonomischen Erfolg abhängig. In der »Geschäftsphilosophie« dieser Geldelite verschmolzen Elemente der auf eine »prästabilierte Harmonie« fixierten Klassik mit puritanischer Sittenlehre und kalvinistischer »innerweltlicher Askese«. Auf die Welt des oligopolistischen Verdrängungswettbewerbs im späten 19. Jahrhundert war schließlich der Sozialdarwinismus zugeschnitten, wie er vor allem von Herbert Spencer und Thomas Huxley popularisiert wurde, der die schrankenlose Selbstentfaltung des einzelnen Individuums im Interesse des gesellschaftlichen Fortschritts propagierte und damit zu einer Haltung beitrug, die mit der Devise »Der Zweck heiligt die Mittel!« überschrieben werden könnte. Im Erfolg sah man die ausschließliche Rechtfertigung des Handelns, öffentliche Wertschätzung sicherte man sich durch kulturelles oder soziales Sponsortum. Diese Einstellung sollte zum Ideal der großen *tycoons* und *robber-barons* werden, deren idealisierte Erfolgsbiografien noch heute den *American dream* am klarsten zu verkörpern scheinen.

In vielen kontinentaleuropäischen Ländern, die aufgrund der Stabilität der traditionellen gesellschaftlichen Verhältnisse weitaus länger einem präindustriellen und ständisch differenzierten Selbstbeschränkungsideal und den traditionellen Statussymbolen verbunden blieben (in Deutschland bedingte etwa ein Reserveoffizierspatent ein höheres Sozialprestige als jegliche Unternehmerleistung), erfuhren die Träger des ökonomischen Fortschritts dann im 19. Jahrhundert in nationalstaatlichen Entwicklungsideologien eine motivierende Legitimation ihrer ökonomischen Betätigung. Im Wettbewerb der Nationen untereinander, vor allem aber im Kampf gegen den englischen Entwicklungsvorsprung, wurde nun jede einzelwirtschaftliche unternehmerische Initiative als ein Beitrag zur nationalen Selbstbehauptung interpretiert. Für Deutschland reflektiert Friedrich Lists »Nationales System der politischen Ökonomie« (1842), das sich gegen die »kosmopolitische englische Schule« richtete, die enge Verschränkung von Staatsinteresse, Nation und Wirtschaft. Wirtschaftliches Vormachtstreben, nationales Prestigebewusstsein, politisches Hegemonialdenken und kulturelles Sendungsbewusstsein verschmolzen dann im Imperialismus des ausgehenden 19. Jahrhunderts zu einem geschichtsmächtigen Antriebspotenzial. In Frankreich war es hingegen vor allem der aufklärerische, rationalistische Fortschrittsgedanke, aus dem bereits die revolutionäre Gesinnung von 1789 erwachsen war, der nun im Sinne der Zukunftsvision einer künftigen Wohlstands- und Industriegesellschaft wieder belebt wurde. Unternehmerische Tätigkeit konnte damit zusätzlich motiviert werden. Selbst die frühsozialistischen Utopisten setzten, um den Kapitalismus zu überwinden, in ihrem alternativen Gesellschaftsmodell der *phalanstères* auf die Gründung neuer industrieller Etablissements auf genossenschaftlicher Basis. Der »Industrialismus« der Saint-Simonisten im zweiten Kaiserreich zielte auf eine Reihe kühner, in die Zukunft weisender Projekte, die von Politikern, Ingenieuren und Publizisten ins breite Publikum getragen wurden. Es fand sich hier eine Gruppe von Protagonisten großer, kreditfinanzierter Entwicklungsprojekte im Bereich des Bank- und Verkehrswesens, die zu den Exponenten einer förmlich als Markenartikel propagierten *civilisation française* wurden.

Bemühungen, eine linearen Abfolge von historischen Unternehmertypen zu erfassen, werden selbst der Entwicklung im 19. Jahrhundert, das gemeinhin als die große Zeit des klassischen »Eigentümer-Unternehmers« gilt, nicht gerecht. Identifiziert man mit Jürgen Kocka als Management- beziehungsweise Unternehmeraufgaben die »Risikoübernahme und die Entscheidungsgewalt angesichts von Unsicherheitsfaktoren innerhalb der Gesamtwirtschaft, Planung und Innovation, Koordinierung und Kontrolle sowie Verwaltung und Beaufsichtigung des Personals«, so wird klar, dass Träger dieser Funktionen bereits im 19. Jahrhundert sowohl Eigentümerunternehmer als auch beauftragte Unternehmer sein konnten.[14] Eine begriffliche Abgrenzung von Manager und Unternehmer, wie sie etwa Fritz Redlich (»Dem Unternehmer erscheint die Unternehmung wie ein am Leben zu erhaltender Organismus, für den Manager ist sie ein Mechanismus, der in Gang gehalten wird«[15]) vornimmt, stellt zwar eine anschauliche Metapher dar, die jedoch angesichts der Realität wenig überzeugend ist: Einerseits wirkt sie im Hinblick auf die funktional noch wenig differenzierten Unternehmensspitzen des 19. Jahrhunderts eher überflüssig, andererseits legt sie eine qualitative Verschiedenheit zweier Funktionsbereiche nahe, die in Wirklichkeit aufs engste verflochten sind. Es kommt darin eine soziale Kluft zwischen Unternehmer und Manager sowie eine bestimmte Tradition unternehmerischen Selbstverständnisses zum Ausdruck, die es real kaum gegeben hat. Da die Manager[16] seit dem Ende des 19. Jahrhunderts in den meisten Fällen auch Großaktionäre der von ihnen geleiteten Unternehmen waren, sollte eine Trennung von Leitungsfunktion und Eigentum ohnehin nicht zu weit getrieben werden, denn die neue Managerklasse stellte in der Folge sicher die weitaus größte Einzelgruppe der aktienbesitzenden Bevölkerungsschichten dar.[17]

Einen gewissen Anhaltspunkt für eine Unternehmertypologie – unter Einbeziehung der beauftragten Manager-Unternehmer – geben auch der jeweilige Führungsstil und die »Unternehmenskultur«, sowie die betrieblichen Herrschaftsverhältnisse und Sozialordnungen.[18] Jürgen Kocka unterscheidet dabei eine »Pionierperiode« in der ersten Hälfte des 19. Jahrhunderts, in der die Wirtschaft dem Modell der liberal-kapitalistischen Marktwirtschaft weitgehend nahe kommt und die Konkurrenzökonomie noch kaum durch marktregulierende Maßnahmen eingeschränkt wird. Diese sehr dynamische Phase des industriellen Aufstiegs ist geprägt durch rasch aufeinanderfolgende Innovationsschübe, aber auch durch ein entsprechend hohes Marktrisiko angesichts großer Unsicherheitsfaktoren. Es ist dies die Zeit des »klassischen« Eigentümer-Unternehmers, der sich als *selfmade-man* am liebsten auf seine persönlichen Fähigkeiten verlässt. Diese »Fabriksherren«, meist Gründer und Leiter des Unternehmens in einer Person, sehen die Unternehmung als ihr ureigenstes Werk, eng verknüpft mit ihrer Person und Familie, als ihr »Reich«, und nicht bloß als eine (formale) Organisation. Die Dominanz kleinerer und mittlerer Betriebsgrößen erlaubt einen in erster Linie personenbezogenen, paternalistischen Führungsstil und den Kontakt zwischen Arbeitgeber und Arbeitnehmern. Man kann auf eine bewusst geplante Festlegung von Funktionen und Kompetenzen, auf eigens erdachte Kontrolleinrichtungen und die planmäßige Sicherung des Informationsflusses noch weitgehend verzichten. Der Unternehmenserfolg hängt in erster Linie vom persönlichen Wissen, vom »Gespür« und der individuellen Dynamik, und nicht zuletzt von der noch unmittelbar sichtbaren Arbeitsleistung des Unternehmers ab. In dem vom deutschen Betriebswirt Heinrich Emminghaus verfassten Werk »Allgemeine Gewerkslehre« (1868), einem Buch, das wohl als Erstes ein »System von Regeln für den erfolgreichen Betrieb« offeriert, wird diese Situation bestens beschrieben: »Die beste Instruktion ist die mündliche, die der allezeit und überall gegenwärtige, alles durchschauende Unternehmer selbst gibt, und die, welche sein Beispiel den Angestellten fortwährend vor Augen hält ... Einer muss herrschen. Die Monarchie ist ausschließlich berechtigte Verfassungsform im gewerblichen Unternehmen«.[19]

Erst im Laufe der zweiten Hälfte des 19. Jahrhunderts und verstärkt seit der »großen Depression« der Jahre 1873 bis 1896 (mit den ihr immanenten Tendenzen zur betrieblichen Konzentration und kollektiven Ordnung des Wettbewerbs, sowie dem Eindringen der Ergebnisse wissenschaftlicher Forschungsleistung in den Produktionsprozess) ergibt sich die Notwendigkeit einer »rationalen« Betriebsführung in größerem Umfang. Die Figur des patriarchalischen Einzelunternehmers, der sowohl Kapitalgeber als auch dispositiver Faktor in einer Person ist, wandelt sich zum »Konzernherrn«, der aber zunehmend durch den Manager ersetzt wird. Als Reaktion auf die tiefgreifenden ökonomischen Erschütterungen in der langwierigen Rezession, die nicht zuletzt einen drastischen Verfall der Unternehmergewinne mit sich bringt, erfolgt eine Absage an liberal-individualistische Traditionen, verstärken sich die Ansätze zu einem bewusst organisierten und rationalisierten Wirtschaftsverhalten.[20] Die bisher noch weitgehend individuell gelösten Managementprobleme werden zu einem Gegenstand kollektiven Nachdenkens. Die als ziemlich unkontrollierte Folge betrieblichen Wachstums entstandene Unternehmensorganisation wird erstmals stärker einer planenden, rationalen Gestaltung unterworfen. Die zunehmende Trennung von Besitz, Kontrolle und Disposition, die im Finanzierungsinstitut der Aktiengesellschaft ihren deutlichsten Ausdruck findet, wirkt in dieselbe Richtung.

Das entscheidende Kriterium für die Unterscheidung zwischen Manager und Unternehmer liegt im allgemeinen Sprachgebrauch zumeist darin, dass der eine Angestellter, der andere aber Selbständiger ist. Man könnte jedoch auch nach Funktionsbereichen unterscheiden und als Unternehmerfunktion demnach definieren: »Das Treffen von wesentlichen (›strategischen‹) Entscheidungen über die Zielsetzung des Unternehmens, seine Position auf dem Markt und seine Beziehungen zur Umgebung überhaupt, wobei Profit- und Rentabilitätsüberlegungen eine hervorragende Bedeutung zukommt. Zu diesen Entscheidungen gehören insbesondere Entscheidungen über die Mobilisierung und die Kombination der Produktionsfaktoren, so vor allem über Investitionen und die Anstellung des leitenden Personals«.[21] Im Unterschied dazu sind Managementfunktionen dadurch gekennzeichnet, dass sie eher »taktischer« Art sind, das heißt, »sich auf die Vorkehrungen und Organisationen beziehen, die zur Durchführung der Unternehmerentscheidungen nötig sind ...«.[22] Typische Manageraufgaben wären demnach Entscheidungen über die Beziehung zwischen Teilen des Unternehmens und seiner funktionalen Organisation, die Vorsorge für ausreichende innere Koordination und Information, die Organisation der hierarchischen Struktur des Unternehmens und die Kontrolle der Belegschaft.[23] Manager sind vor allem *organizational men*; für sie gilt John Kenneth Galbraiths Feststellung: »Men are in fact, either sustained by organisation or they sustain organisation. They are either esteemed because of organisation or the organisation is esteemed because of them«.[24] Beide – Unternehmer und Manager – sind somit zu unterscheiden vom »Kapitalisten«, der das nötige Kapital bereitstellt und das damit verbundene finanzielle Risiko übernimmt. Besonders in den Anfangsphasen der Industrialisierung sind alle diese Funktionen in ein und derselben Person vereinigt. Erst mit zunehmender Organisationsdichte, Betriebskonzentration und Betriebsgröße in den *economies of large scale* wird die Trennung dieser Funktionen sowie deren Verteilung auf verschiedene Personengruppen voll verwirklicht.[25]

Während als »klassische« Unternehmermotivation

der Eigennutz gilt, reicht für die Motivation des Managers die traditionelle Erklärung über den Eigennutz allein nicht aus. Die britische Ökonomin Joan Robinson[26] meint dazu: »Der Managerkapitalismus fordert ein hohes Maß von Hingabe des leitenden Personals an eine Aktiengesellschaft. Natürlich ist Eigennutz im Spiel, aber der reine Eigennutz würde zu einer hohen Fluktuation zwischen den Unternehmen führen und zur Enthüllung von Geheimnissen eines Unternehmens gegenüber dem anderen. Loyalität des Individuums gegenüber seiner Firma ist ein wesentlicher Zug des Systems.«[27]

Charakteristischerweise stammen aber die ersten wissenschaftlichen Ansätze zur Lösung von derartigen Managementproblemen nicht etwa aus England, wo der Eigentümerunternehmer auch weiterhin relativ stark verbreitet bleibt[28], sondern aus Deutschland und den Vereinigten Staaten. Beide Länder übernehmen im weiteren Verlauf der Industrialisierung die Vorbildfunktion und Führung. In beiden Ländern kommt es auch viel früher als anderswo zu großen Unternehmenskonzentrationen, in Deutschland vornehmlich in Form von Kartellen, in den USA in Form von Trusts. Hinsichtlich der Managementkonzeption ergeben sich dabei unterschiedliche Aspekte: Während in Deutschland (nicht zuletzt als Folge des langfristig wirksamen Konjunkturumschlags) das innerbetriebliche Rechnungswesen und die gesamte betriebliche Organisation ins Zentrum der Betrachtung rücken, kommen in den USA die Hauptanstöße zur Diskussion von Managementfragen von den hohen Arbeitslöhnen (eine Folge des Facharbeitermangels) und den Bestrebungen nach einer möglichst rationellen Verwertung des »Produktionsfaktors« Arbeit.[29] Die amerikanische Diskussion konzentriert sich vor allem auf die Arbeits- und Werkstättenorganisation und sollte schließlich im »Taylorismus« und in rationalisierter Fließbandarbeit ihren Höhepunkt finden.[30] Das Konzept der wissenschaftlichen Betriebsführung wurde damit zur Grundlage der standardisierten Massenproduktion in den USA, wie es unter anderem Henry Ford in seinen Automobilfabriken vorexerzierte. In der kontinentaleuropäischen Tradition stehen demgegenüber das »Büro« und die Gesamtorganisation des Unternehmens, also der »bürokratische« Aspekt im Vordergrund, während von amerikanischen Autoren »Organisation« meist in prozessualer Weise verstanden wird. In der deutschen Diskussion ist eine Hochachtung für feste Regeln, Geschäfts- und Büroordnung, Buchhaltungsgrundsätze und Kontrollvorrichtungen, mithin die Betonung struktureller Momente vorherrschend.[31] Die spätere Führungsposition der USA in den technischen Methoden der Massenproduktion, die den Durchbruch des »Konsumzeitalters« ermöglichten, könnte demgegenüber als eine Reaktion dieses Landes auf seinen ursprünglichen Mangel an Facharbeitern interpretiert werden; Managementkonzepte und Technologie wurden darauf abgestellt, »geschickte Handwerker und Routinearbeiter zu ersetzen und die Geschicklichkeit gewissermaßen bereits in die Maschinerie einzubauen«.[32]

Unternehmensorganisation und rationale Betriebsführung orientieren sich in dieser Phase des »organisierten Kapitalismus« stärker als früher an technologischen Leitbildern. Die Unternehmensorganisation wird wie eine Maschine als prinzipiell machbar und konstruierbar angesehen: »Ein industrielles Geschäft ist am besten mit einer Uhr zu vergleichen, bei der ein Rad ins andere greift und die zuletzt dem Eigentümer auch zeigt, was die Glocke geschlagen. Die Arbeit des Verwalters gleicht ganz derjenigen eines Uhrmachers, der das Räderwerk einzurichten, in Gang zu setzen und zu regulieren hat.«[33] Auch Werner Sombart erhob in Anlehnung an die vertraute Metapher vom Uhrwerk den Unternehmer zum Gott des neuzeitlichen Materialismus: »Wenn der moderne wirtschaftliche Rationalismus einem Uhrwerk gleicht, muss es jemanden geben, der es aufzieht.«[34] Eine gewisse Affinität zu der staatlichen Organisation, welche sich ja an dem seit dem 17. Jahrhundert vertrauten mechanistischen Modell des funktionierenden Uhrwerks orientiert, ist offenkundig: »Das Kapital hatte zu Beginn der Industrialisierung beim Vorherrschen des Maschinenmodells in der Produktion zur wirkungsvollsten Lenkung des von außen zu steuernden Prozesses auf normativer Basis die Organisationsform der modernen Bürokratie übernommen.«[35]

Gegen Ende des 19. Jahrhunderts, im Zuge des so genannten »organisierten Kapitalismus« und unter dem Einfluss einer zunehmenden Vorherrschaft des »Finanzkapitals« (Rudolf Hilferding), sinkt die Bedeutung des traditionellen Einzelunternehmers und in den Aktiengesellschaften und Großbetrieben beginnt sich die Form der arbeitsteiligen Leitung in großem Umfang durchzusetzen.[36] Die Unternehmensleitung ist zunächst sehr oft zweigeteilt und besteht aus einem technischen und einen kaufmännischen Direktor. Letzterer ist in der Regel auch für die Gesamtleitung zuständig. Die Position einer allgemeinen, fachlich nicht weiter differenzierten Managementrolle tritt erst im letzten Dezennium des 19. Jahrhunderts auf.³⁷ Als Vorbild für die Unternehmensleitung werden zunehmend militärische Organisationsprinzipien eingebracht. Es ist nicht mehr so sehr das bisherige bürokratische Modell einer hierarchischen Über- und Unterordnung relevant, sondern es beginnt sich – allerdings erst ansatzweise – die Vorstellung des Betriebes als eines geschlossenen Systems abzuzeichnen. Sobald es eine weitgehende Verlagerung und Institutionalisierung von Klassenkonflikten auf eine überbetriebliche Ebene, zum Beispiel durch die Gründung von Gewerkschaften und Unternehmerverbänden, gestattet, die betriebsinterne Realität von den Repressionen alten Stils zu entlasten und die Auseinandersetzungen auf die Ebene von Interessenorganisation zu verlagern, gewinnt der Gesichtspunkt der größtmöglichen Effizienz und Rationalität Vorrang vor dem Aspekt der innerbetrieblichen Disziplinierung und Herrschaftssicherung. Die »rationale Betriebsführung« ist ein hervorragendes Produkt des in den Naturwissenschaften geläufigen Paradigmas unter den Bedingungen des »organisierten Kapitalismus«. Die neuen Managementvorstellungen bilden die ideologische Grundlage der so genannten *managerial revolution*. Zurecht argumentiert Alfred D. Chandler jr., dass der Aufstieg der großen Unternehmungen weniger über Unternehmerinitiative, Kapitalinteressen oder staatlich-interventionistische Eingriffe zu erklären sei, sondern im Wesentlichen als die organisatorische Antwort auf grundlegende Veränderungen in Produktion und Distribution zu verstehen sei. Sie wurde durch die Verfügbarkeit neuer energetischer Ressourcen und die wachsende Anwendung wissenschaftlicher Erkenntnisse in der industriellen Technologie ermöglicht.³⁸

Diese neuen Konzeptionen einer (natur)wissenschaftlichen, rationalen Betriebsführung (charakteristischerweise auch als *scientific management* bezeichnet, das heißt, es geht um *science* und nicht um *humanities*), der Glaube an die Machbarkeit von Unternehmensorganisationen und auch die Figur des Managers selbst sind von der traditionellen Unternehmerschicht keineswegs positiv reflektiert worden: »Dem traditionellen Unternehmer musste planmäßige Organisation, sofern sie sich nicht auf die unteren und mittleren Ebenen des Unternehmens beschränkte, als Bedrohung erscheinen, die ihn selbst in den Hintergrund drängte ... Besonders eine rationale, nach allgemeinen Regeln geformte Leitungsorganisation musste einem Selbstverständnis zuwider sein, welches das spezifisch Unternehmerische in der ›Persönlichkeit‹ und ihren Tugenden wie Risikobereitschaft, Selbständigkeit, Mut, Kraft, Originalität, in ihrer vitalen, ursprünglichen Schöpferkraft und Dynamik, in eher irrationalen und angeborenen Talenten, wenn nicht gar Instinkten, statt in lernbaren Fähigkeiten und Techniken sah.«[39]

Die viel gebrauchte Metapher von Industriebetrieb als »Organismus« impliziert die Vorstellung eines weitgehend konfliktfreien, an technisch-kybernetischen Systemen orientierten Unternehmensmodells. Die neuere Managementphilosophie, wie sie etwa Herbert Simon und James G. March vertreten, zeichnet sich demgegenüber durch eine zunehmende Skepsis aus, was die Möglichkeit einer rationalen Betriebsführung anbelangt. Schon in den zwanziger Jahren stellten Elton Mayo und Chester Barnard grundlegende Thesen der bisherigen Organisationslehre in Frage, nämlich Max Webers Primat der bürokratischen Organisationsform und Frederick Winslow Taylors Versuch einer Etablierung der Unternehmensführung als exakte (Natur)Wissenschaft. Sie sahen nunmehr in der Motivation der Mitarbeiter eine ganz entscheidende Variable. Die Aufgabe einer Führungspersönlichkeit bestehe nicht zuletzt darin, »die sozialen Kräfte im Unternehmen in positive Energie umzusetzen, Wertvorstellungen zu formen und in die gewünschten Bahnen zu lenken«.[40]

Während der rationalistische Ansatz davon ausgeht, alles analysieren, planen, anordnen, vorgeben und kontrollieren zu können – bezeichnenderweise war auch Lenin ein großer Bewunderer des Taylor-Systems – so erscheint das Konzept der informellen Unternehmensführung wesentlich flexibler und ist daher der Dynamik des ökonomischen Prozesses in hochentwickelten kapitalistischen Marktwirtschaften adäquater. Die neuen Managementphilosophien stellen aber nicht zuletzt darauf ab, dass (worauf gerade Schumpeter sehr wohl auch hinweist) in Organisationsfragen ein gewaltiges Innovationspotential vorhanden ist.[41]

Zusammenfassend könnte man die Träger unternehmerischer Funktionen positional folgendermaßen unterscheiden:

• Den *Eigentümerunternehmer*, nach dem Eigentumsrecht an einem Unternehmen. Dieser wird jedoch erst dann zum eigentlichen Unternehmer, wenn er auch dispositive Aufgaben übernimmt. Sein Einkommen aus der Unternehmertätigkeit besteht im Allgemeinen aus drei Segmenten: aus dem Unternehmerlohn, aus einer Risikoprämie, da er als Eigentümer sein Kapital bewusst unter Aspekten der Ungewissheit einsetzt, und aus der Restgröße einer Eigenkapitalverzinsung.

• Der *Managerunternehmer*, der aufgrund seiner mit Verfügungsmacht ausgestatteten Position, die er durch Delegation des originären Eigentümers erhält, zum Träger unternehmerischer Funktionen wird. Damit verselbständigt sich das Kapital im Zuge des Nutzungsprozesses weitgehend gegenüber dem Kapitaleigner. Der Manager, wenn er nicht selbst finanziell am Unternehmen mitbeteiligt ist, ist gleichsam ein »kapitalloser Unternehmer« mit weitgehender Dispositionsmacht, die um so weitreichender wird, je mehr Dispositionsgewalt dem Managerunternehmer eingeräumt wird (etwa bei Streubesitz von Aktien, bei multinationalen Unternehmen auch als Folge von Verschachtelung oder weil es sich um Kleinstaktionäre handelt). Es zeigt sich, dass in den *managerial enterprises* die Unternehmensführung sich im Hinblick auf die Interessen der Eigentümer oft verselbständigt. Sie folgen weitgehend ihrem eigenen Kalkül. Der Aktions- und Unabhängigkeitsspielraum der Unternehmensleitung steigt vor allem in monopolistischen und oligopolistischen Märkten an.[42]

• Der *Funktionärsunternehmer*, der aufgrund eines Dekrets durch eine öffentliche Körperschaft als dispositiver Faktor eingesetzt wird und für den Bereich der Faktorkombination eine Unternehmereigenschaft besitzt. Für ihn ist charakteristisch, dass er – und dies trifft insbesondere auch für zentralgelenkte Planwirtschaften zu – in erster Linie Leiter der Produktion ist, während andere wichtige unternehmensstrategische Bereiche oder Entscheidungsbefugnisse bei einer zentralen Bürokratie oder bei politischen Instanzen liegen.

Nach Meinung vieler Autoren entspricht dies auch einer zeitlichen Abfolge: In seinem Buch »The Third Industrial Age« (1980) unterteilt zum Beispiel Charles Tavel die industrielle Entwicklung in drei Phasen, die jeweils durch einen besonderen Unternehmertypus geprägt sind; die erste Phase durch den *entrepreneur*, die zweite durch den *manager* (»*organisation man*«) und die dritte durch eine neue Form *des corporate leader*. So wie sich das Gesicht des Kapitalismus gewandelt hat und dieser im Laufe seiner Geschichte verschiedene Stadien – vom »Konkurrenzkapitalismus« (Karl Marx), über den »organisierten Kapitalismus« (Rudolf Hilferding), bis hin zum »desorganisierten Kapitalismus« (Scott Lash und John Ury)[43] – durchlaufen hat, so veränderte sich auch der Inhalt des Unternehmerbegriffes.

Generell kranken aber all diese Versuche, aufgrund eines historisch-phänomenologischen Ansatzes zu einer Unternehmertypologie zu gelangen, trotz aller illustrativen Beispiele daran, dass es kaum gelingt, die ganze Erscheinungsvielfalt unternehmerischer Tätigkeit mit Hilfe historisch-soziologischer Raster einzufangen. Diese Art der Unternehmerforschung ist daher zu einem interdisziplinären Forschungsgebiet geworden, in dem Historiker, Anthropologen, Soziologen, Sozialpsychologen, Betriebswirte und Ökonomen kooperieren müssen. Denn man ist nicht zuletzt aufgrund des historischen Befundes zur Einsicht gelangt, dass »für die Bewertung der unternehmerischen Wirksamkeit Faktoren wie gruppenspezifische Leitbilder, Dogmen, Ehrenkodizes, Wertvorstellungen, Bildungsideale, Statussymbole, Aufwandsverpflichtungen, Eigentumsformen, Solidaritätsbindungen, Beschäftigungspräferenzen und so weiter zu berücksichtigen (sind)«.[44] Letztlich bleiben aber all diese Ansätze unbefriedigend, wenn sie im rein Deskriptiven verharren und nicht in adäquatem Ausmaß die funktionale Rolle des Unternehmers und dessen Bedeutung für die wirtschaftliche Dynamik berücksichtigen.

Der Unternehmer in funktionaler Betrachtungsweise

Schon frühzeitig hat der Unternehmer als ein sich spezifisch manifestierender Sozialtypus auch entsprechende Beachtung der Wirtschaftstheoretiker erweckt. Die dynamische Unternehmergestalt tritt uns als reales Phänomen schon im 17. Jahrhundert in der Figur des »Projectors« schemenhaft entgegen, jenes genialen Projektanten, wie er im *Ancien régime* sich so häufig findet: gleichzeitig Erfinder, schöpferischer Unternehmer, Alchimist, Reformer, aber auch Fantast und Schwindler, oft alles in einer Person – wie ihn etwa der englische Schriftsteller und Schöpfer des Robinson Crusoe, Daniel Defoe, der unter anderem auch ökonomische Texte wie »The complete English Tradesman« (1725–27) und »The Manufacturer« (1719–1721) verfasst hat, in seinem »An Essay upon Projects« (1697) darstellte und mit Eigenschaften ausstattete, die mehr als zweihundert Jahre später Schumpeter in ihrer ganzen ökonomischen Tragweite erkannt hat. Ein Gutteil der heute noch wirksamen Vorstellungen in dieser Richtung fußt dabei auf Gedankengängen, welche bereits Richard Cantillon in seinem »Essay sur la Nature du Commerce en général« (1755), angestellt hat.[45] In seinem Theorem ist der *entrepreneur* jemand, der ein ökonomisches Risiko übernimmt. Dieses Risiko wird davon abgeleitet, dass der Unternehmer die »Produktionsfaktoren« einkauft und kombiniert, um Güter zu erzeugen und diese sodann mit Gewinnabsicht auf den Markt zu bringen. Deren Nachfrage ist jedoch in höchstem Maße dem Marktrisiko ausgesetzt; das heißt, das von dem Unternehmer in die Zukunft gesetzte Vertrauen beinhaltet eine prinzipielle Unsicherheit auf der Ertragsseite. Sein erzielter Profit ist daher gleichsam als eine Art »Risikoprämie« einzustufen.[46]

Offenkundig handelt es sich jedoch beim cantillonschen Risikoträgertheorem (gleiches gilt für spätere Interpretationen von Frederick B. Hawley oder Frank H. Knight) im Grunde um eine unscharfe Trennung der Funktionen des Eigentümers und derjenigen des funktionellen Trägers der Unternehmung. Es zeigt sich vor allem, dass dieses Verabsolutieren des Risikofaktors entweder zu eng- oder zu weitmaschig angelegt ist. Einerseits führt es zu einer Gleichsetzung von Unternehmer und Kapitalisten, andererseits sind letzten Endes alle am Wirtschaftsprozess Beteiligten Risikoträger, denn jeder trägt ja in der einen oder anderen Weise ein finanzielles Risiko (und sei es nur in Form seines Arbeitsplatzes). Ein solcher Ansatz findet sich bei Adam Smith und David Ricardo, aber ebenso bei Karl Marx, der sich auch hier durchaus in der Tradition der ökonomischen »Klassiker« befindet. Bei ihnen besteht die Funktion des Unternehmers im Wesentlichen darin, dass dieser den Arbeitern Werkzeuge, Rohmaterial und Subsistenzmittel vorschießt, um dann am Ende einer Produktionsperiode seine Vorschüsse samt Gewinn zu lukrieren. Der Gewinn ist das Resultat der »Industrie« der Arbeiter (*indust-*

ria: im alten Sinn von »Gewerbefleiß«). Vom smith-ricardoschen Modell, das sich noch stark am Verlegerkaufmann orientiert, ist es nur ein kurzer, aber konsequenter Schritt zum marxschen »Ausbeuter«-Begriff: Der Unternehmer ist derjenige, der sich den durch Einsatz von Arbeitskraft und Maschinen entstehenden Mehrwert aneignet. Er ist der gesellschaftliche Exponent der Kapitalistenklasse. Sowohl bei Adam Smith und David Ricardo als auch bei den Sozialisten bis hin zu Karl Marx wird somit der Unternehmer primär als »Kapitalist« gesehen.

Der Zusammenhang von unternehmerischer Tätigkeit und Risikoübernahme spielt auch in Jean Baptiste Says »Traité d'économie politique« (1803) eine wichtige Rolle. Auch für Say ist es ein Kennzeichen des Unternehmers, dass dieser auf eigene Rechnung und eigenes Risiko arbeitet. Er sieht jedoch durchaus den Unterschied zwischen »Unternehmer« und »Kapitalisten«. Nach Say beruht jede Produktion auf drei funktionalen Bedingungen, nämlich der Forschung des Wissenschafters, der *application* (Anwendung, Fleiß) des Unternehmers und der Ausführung des Arbeiters, wobei der Unternehmer die beiden anderen erst in Verbindung bringt, indem er die Bedürfnisse und die Mittel zu deren Befriedigung abschätzt und danach die Produktionsfaktoren kombiniert, dabei aber in jedem Fall das unternehmerische Risiko trägt.

In der ökonomischen Theorie hat das Risikoträgertheorem nachhaltige Folgen gezeigt; damit wurde der Bewertung der gesellschaftlichen und ökonomischen Rolle des Unternehmers allerdings kein guter Dienst geleistet. Sicher ist der Risikofaktor für den Unternehmerbegriff wie auch für eine marktwirtschaftliche Wirtschaftsordnung von Bedeutung, denn Verantwortung und in gewissem Sinn auch Risiko können nicht sozialisiert, sondern nur persönlich getragen werden. Aber schon Joseph A. Schumpeter weist darauf hin, dass Unternehmer und Risikoträger nicht gleichzusetzen sind: »Die Übernahme des Risikos ist in keinem Falle ein Element der Unternehmerfunktion. Mag er auch seinen Ruf riskieren, die direkte ökonomische Verantwortung eines Misserfolges trifft ihn nie.«[47] Im Anschluss an die klassische Nationalökonomie entstand damit eine einseitige theoretische Konzeption des Unternehmers, die diesen primär als Kapitalisten interpretiert. Die Kapitalbereitstellung wird als essenzieller Faktor der Unternehmerrolle gewertet. Leitung und Kontrolle demgegenüber werden erst als sekundäre unternehmerische Funktionen gesehen. Die erwähnte Gleichsetzung von »Unternehmer« und »Kapitalisten«, die aus dem Verabsolutieren des Risikoträgertheorems resultiert, führte dazu, dass in letzter Konsequenz Ludwig Joseph (Lujo) Brentano 1907 davon ausgehen konnte, dass in einer Aktiengesellschaft die Aktionäre die eigentliche Unternehmerfunktion ausüben.

Sobald man aber nicht die Bereitstellung des Kapitals, sondern den zielgerichteten Einsatz von Produktionsfaktoren als die ureigenste Aufgabe des Unternehmers betrachtet, ist klar, dass das Risikoträgertheorem hier nicht greift. Solange der Unternehmer ohne irgendeine Produktionsleistung aus dem Kapital Gewinne erzielt, ist für einen Unternehmerbegriff als solchen neben dem des Kapitalisten kein Platz. Wie wenig die Gleichsetzung von Kapitalisten und Unternehmer der Realität entspricht, erweist sich zum Beispiel daran, dass heute die amerikanischen Pensionsfonds wohl die größte Gruppe von Kapitaleignern repräsentieren, deren Management zwar die Börsenkurse in Bewegung hält, denen aber kaum jemand unternehmerische Dispositionen im Sinne des zielgerichteten Einsatzes von Produktionsfaktoren unterstellen wird.

Entscheidende Impulse zu einer funktionalen Unternehmertheorie, die den Unternehmer als einen gestaltenden Faktor sieht, sind mit den Namen Johann Heinrich von Thünen, John Stuart Mill, Kurt Wiedenfeld und Joseph Alois Schumpeter verknüpft. Eine Unterscheidung zwischen den Funktionen von Unternehmern und Managern findet sich explizit ebenfalls erstmals bei Thünen, ohne dass er aber daran weitere theoretische Überlegungen geknüpft hätte. Auch Mill differenziert zwischen verschiedenen unternehmerischen Funktionen und spricht zum Beispiel wiederholt von *superintendence*, *control* und *direction* und kennt neben Risikoprämie und Kapitalzinsen auch den Unternehmerlohn als Entgelt für unternehmerische Leistungen. Auch Hans von Mangoldt, der sich um eine Verbindung zwischen der klassischen und der neoklassischen Nationalökonomie bemühte, differenziert einen eigenen Unternehmergewinn. Der Begriff »Manager« kommt wahrscheinlich in seiner heutigen Bedeutung erstmals im Untertitel von Jeremy Benthams »Panopticon« (1791) vor, wo dieser zugleich mit seiner »sozialen Disziplinierungsmaschine« einen Plan für das Management vorstellt.[48] Die Lehre vom so genannten »vierten Produktionsfaktor« gewinnt schließlich in der Neoklassik Bedeutung, wenn etwa John Bates Clarke wiederholt von der *coordinating function* spricht – während etwa Alfred Marshalls *earnings of management* letztlich von Mills *wages of superintendence* her entwickelt erscheinen.[49] Kurt Wiedenfeld[50], ein Vertreter der historischen Schule der Nationalökonomie, versucht hingegen, das »klassische« Risikoträgertheorem weiterzuentwickeln und teilweise mit neuem Inhalt zu versehen. Er fasst den Unternehmer nämlich primär als »Risikogestalter« auf, der aufgrund seiner Entscheidungen, seines unternehmerisch Tätigseins finanzielle Risiken erzeugt und gestaltet, während demgegenüber der Kapitalist diese Risiken trägt. Beide Funktionen können dabei auch in einer Person vereinigt sein.

Den wohl interessantesten Beitrag zur funktionalen Unternehmertheorie hat jedoch der Österreicher Joseph Alois Schumpeter geliefert, der bereits in seinem frühen Werk »Theorie der wirtschaftlichen Entwicklung« (1912), eine Arbeit, die viele, zum Teil wesentlich veränderte Folgeauflagen erlebte und 1934 erstmals ins Englische übersetzt wurde, den Unternehmer als die entscheidende, gleichsam personifizierte strategische Variable im ökonomischen Prozess ansieht.[51] Schumpeter fokussiert die funktionale Definition des Unternehmerbegriffs besonders eng: Für ihn sind nicht, wie dies einer geläufigen funktionalen Definition entsprechen würde, alle Personen, die einen zielgerichteten Einsatz von Produktionsmitteln organisieren, Unternehmer, sondern nur solche, die dabei Innovationen umsetzen. Im Gegensatz zu einer rein historisch-phänomenologischen Beschreibung des unternehmerischen Gestaltwandels, wie sie zum Beispiel Edgar Salin[52] oder Fritz Redlich[53] vornahmen, betont Schumpeter die fundamentale Bedeutung der Unternehmerfunktion für die Dynamisierung des ökonomischen Prozesses insgesamt. Wenngleich er hier durchaus in einer diskursiven Kontinuität steht und sich Ansätze zu einer solchen Sichtweise auch schon früher bei Autoren wie unter anderen Johann Gottlieb Hufeland, Karl Heinrich Rau, Wilhelm Roscher, Carl Knies, Max Wirth, Werner Sombart und Friedrich von Wieser finden lassen, ging Schumpeter jedoch einen Schritt weiter, indem er den Unternehmer in den Mittelpunkt eines dynamischen Modells der wirtschaftlichen Entwicklung rückte.[54]

Seine wissenschaftlichen Bemühungen galten dem Versuch, eine kohärente formale Theorie der Dynamik der kapitalistischen Wirtschaft zu entwickeln, wobei die Dynamisierung der statischen Wirtschaft der Rolle des »Unternehmers« als Pionier und Neuerer beziehungsweise den von diesem gesetzten »Innovationen« zugeschrieben wird. Ausgangspunkt der theoretischen Überlegungen Schumpeters ist dabei die Unterscheidung der Kategorien »Statik« und »Dynamik« im Wirtschaftsprozess. Der Zustand eines stationären, im Gleichgewichtszustand befindlichen, in sich geschlossenen Wirtschaftskreislaufs ist seit den Physiokraten bevorzugter Gegenstand der ökonomischen Analyse und gilt geradezu als das Paradigma der Neoklassik schlechthin. In einem solchen Gleichgewicht besteht eine effiziente Allokation der Ressourcen – es ist pareto-optimal, das heißt, der Zustand einzelner kann nicht verbessert werden, ohne die Position anderer zu verschlechtern. Dieses in einem homöostatischen Gleichgewicht gedachte Modell eines ökonomischen Kreislaufsystems enthält kein Entwicklungsmoment im eigentlichen Sinn, denn Veränderungen, die im Kreislauf auftreten, werden bloß als Reaktionen auf externe Anstöße interpretiert. Exogene Einflüsse wie Bevölkerungszunahme, Krieg und Kriegsfolgen, Neuorientierungen der Wirtschafts- und Sozialpolitik etc. lösen zwar Anpassungsvorgänge aus, das System stabilisiert sich jedoch sodann auf einem neuen Gleichgewicht. Bewegung, Dynamik und Wandel werden daher aus dieser Sicht lediglich als eine »Störung des Gleichgewichts« oder auch als Zustand »relativ instabilen Gleichgewichts« interpretiert. Das ökonomische Gleichgewicht galt Schumpeter aber insofern als ein in der ökonomischen Analyse unentbehrliches Konstrukt, indem dieses »als ein Standard, mit dem der gegebene Zustand des Wirtschaftsorganismus untersucht, und wenn möglich beurteilt wird«[55], angesehen wurde.

Schumpeter, der in der Welt der »reinen« Ökonomie aufgewachsen war und dessen erste Buchpublikation »Das Wesen und der Hauptinhalt der theoretischen Nationalökonomie« (1908) sich noch sehr stark in der Tradition der Gleichgewichtstheorie der Lausanner Schule von Léon Walras bewegte, sah durchaus das mit der Hereinnahme einer dynamischen Betrachtungsweise verbundene epistemologische Problem. Er versuchte daher mit Hilfe der Methode der »sukzessiven Approximation«, die Gleichgewichtsstatik des walrasschen Modells auf die logischen Erfordernisse eines evolutionären Wirtschaftsprozesses hin zu adjustieren, indem er auf die »spontanen und diskontinuierlichen Veränderungen der Bahnen des Kreislaufs und Verschiebungen des Gleichgewichtszentrums« hinwies. Diese bewirken den Übergang von einem Gleichgewichtszustand in einen anderen: Dynamik ist aus dieser Sicht die Phase des Übergangs von einem Gleichgewicht zum anderen.

Seine Entwicklungstheorie handelt vom »Übergang der Volkswirtschaft von dem jeweils gegebenen Gravitationszentrum zu einem anderen (›Dynamik‹), im Gegensatz zur Theorie des Kreislaufs selbst, zur Theorie der steten Anpassung der Wirtschaft an wechselnde Gleichgewichtszentren und ipso facto auch der Wirkungen dieses Wechsels (›Statik‹)«. Solche »produktive Revolutionen«, die eine Dynamik in den Wirtschaftskreislauf einbringen, hängen zumeist mit dem Aufkommen neuer »Leitsektoren« und mit deren Multiplikatoreffekten zusammen. Dabei kommt dem Unternehmer eine zentrale funktionale Bedeutung für derartige »Veränderungen des Kreislaufs des Wirtschaftslebens« zu. Mit dieser Rollenzuschreibung an den Unternehmer glückt Schumpeter die Lösung des Dilemmas von »Statik« und »Dynamik« im Wirtschaftsprozess. Die entscheidenden Veränderungsimpulse gehen hierbei von der Angebotsseite aus, ein neues Produkt – und hier trifft sich Schumpeter mit dem bekannten »Say'schen Theorem« – schafft sich dabei gewissermaßen selbst den Markt, die neuen Bedürfnisse werden von den Produzenten erweckt und den Konsumenten gleichsam »anerzogen«. Da aber Produktion nichts anderes bedeutet als eine »Kombination vorhandener Dinge und Kräfte«, so bedeutet die vom Unternehmer vorgenommene »Innovation« nichts anderes als »die neue und andersartige Kombination dieser Dinge und Kräfte«. Dazu sagt Schumpeter: »Soweit die neue Kombination von der alten aus mit der Zeit durch kleine Schritte, kontinuierlich anpassend, erreicht werden kann oder tatsächlich auftritt, liegt gewiss Veränderung, eventuell Wachstum vor, aber weder ein neues der Gleichgewichtsbetrachtung entrücktes Phänomen, noch Entwicklung in unserem Sinn.«[56]

Schumpeter unternahm es also, mittels der Einführung der Funktion des durch laufende Veränderung der Produktionsfaktoren für einen ständigen Fluss von Innovationen sorgenden »Unternehmers«, die ökonomische Statik zu durchbrechen und ein Element der prozessualen Dynamik in die ökonomische Theorie einzubringen. Der Unternehmer ist bei ihm ein Neuerer, ein »schöpferischer Zerstörer«, ein »Innovator«[57], der neue Produkte auf den Markt bringt, neue Herstellungsverfahren und Betriebsmethoden entwickelt, neue Absatzmärkte erschließt, oder sich durch Eroberung neuer Bezugsquellen oder Neuorganisation des Absatzes eine zeitlich begrenzte Monopol- oder Oligopolstellung verschaffen kann. Damit wird der ökonomische Prozess gleichsam auf eine qualitativ neue Stufe gehoben. Derartige Innovationen treiben die ökonomische Entwicklung dynamisch voran. Bei Schumpeter liegt die Betonung auf Innovation, das heißt bei der erstmaligen Realisierung neuer Kombinationen von Produktionsmitteln. Die Ausbreitung der Innovation ist für ihn bloß Imitation, die durch den Konkurrenzmechanismus schnell und allgemein erfolgt.[58]

Der Unternehmer ist derjenige, »der unaufhörlich die Wirtschaftsstruktur von innen heraus revolutioniert, unaufhörlich die alte Struktur zerstört und unaufhörlich eine neue schafft«.[59] Er ist insofern ein Zerstörer der marktwirtschaftlichen Systembedingungen, als er den Wettbewerb nach Möglichkeit monopolistisch auszuschalten versucht, damit aber gleichzeitig für die »Nachhaltigkeit« der wirtschaftlichen Dynamik sorgt.[60] Das

»dämonische« Element des Unternehmers besteht darin, dass dieser durch seine Innovationen unaufhörlich die Wirtschaftsstruktur verändert, von innen her revolutioniert, in faustischem Drang das Alte zerstörend Neues entwickelt.[61] Nicht so sehr die Freiheit des Marktes ist dabei entscheidend für die Funktion des Unternehmers, sondern seine dispositive Freiheit innerhalb des Marktgefüges. Das entscheidende Kriterium dafür, ob jemand als Unternehmer bezeichnet werden kann, ist das jeweilige Verhalten des Betreffenden. Es handelt sich also um einen verhaltenssoziologischen Ansatz, der hier eine ganze ökonomisch-theoretische Konzeption trägt. Dabei ist es notwendig, zwischen Erfindung und Durchsetzung, das heißt zwischen Kreativität und Innovation zu differenzieren: »Kreativ sein heißt, Neues entdecken, Innovieren heißt, etwas Neues tun ... Nicht genutzte Ideen bleiben wertlos. Ihr Wert zeigt sich erst bei der Durchführung. Vorher besitzen sie keinerlei praktische Bedeutung ...«[62] Zahlreiche Sozialwissenschafter haben sich seither mit seiner Hypothese auseinandergesetzt, wonach der Kapitalismus ein Prozess schöpferischer Zerstörung sei.

Wer ist nun dieser Unternehmer, dieser »Wirtschaftsführer«, wie Schumpeter ihn nennt und dem er eine derartig zentrale Schlüsselstellung im wirtschaftlichen Entwicklungsprozess einräumt? Er ist zunächst leichter dadurch zu definieren, dass man beschreibt, was er alles *nicht* ist: Die Durchsetzung neuer Kombinationen wird jedenfalls nicht von jenen vollzogen, die den Produktionsprozess in den tradierten alten Bahnen durchführen: »Es waren, um bei dem einmal gewählten Beispiel zu bleiben, im Allgemeinen nicht die Postmeister, welche die Eisenbahnen gründeten.«[63] Es ist auch eher die Ausnahme, dass unternehmerische Fähigkeit über längere Zeit hinweg bewahrt werden kann; wie auch der österreichische Schriftsteller Robert Musil in anderem Zusammenhang festhält: »Wenn die Wirtschaftsfamilien aber die zweite oder dritte Generation bilden, verlieren sie die Fantasie. Sie bringen dann nur noch einwandfreie Verwalter hervor ...«[64] Der Unternehmer – Musil bezieht sich hier auf den Bankier Arnheim, der viele Züge des AEG-Chefs Walter Rathenau trägt – besitzt demgegenüber »irrationale, ja geradezu mystische Seiten«.[65] Die Funktion des Unternehmers besteht in erster Linie darin, das Neue ins Werk zu setzen, als Katalysator zu wirken, der über immer neue Innovationen für die Dynamik im System sorgt. Dabei ist generell der »Innovator« vom »Inventor« zu unterscheiden: »Solche neue Dinge zu unternehmen ist schwierig und begründet eine besondere ökonomische Funktion ... Diese Funktion besteht ihrem Wesen nach weder darin, irgendetwas zu erfinden, noch sonstwie Bedingungen zu schaffen, die die Unternehmung ausnützt. Sie besteht darin, dass sie Dinge in Gang setzt.«[66]

Erst die diskontinuierlich spontane Durchsetzung solcher neuer Kombinationen, die »Aufstellung einer neuen Produktionsfunktion« oder »Innovationen« können somit als wirtschaftliche »Entwicklung« definiert werden. Die Durchsetzung derartiger neuer Kombinationen ist dabei nicht über den Zeitablauf gleichmäßig verteilt, sondern manifestiert sich in den zyklischen »wirtschaftlichen Wechsellagen« (Arthur Spiethoff). Bestimmte Basisinnovationen tragen jeweils einen Innovationsboom, wodurch ein den »langen Wellen der Konjunktur« beziehungsweise »Kondratieffzyklen« entsprechender Innovationsrhythmus entsteht. In den Abschwungperioden erfolgt eine Reorganisation des Wirtschaftssystems, so dass Wirtschaftsdepressionen nicht nur Phasen der Instabilität sondern zugleich auch solche der weltwirtschaftlichen Neuorientierung sind. Die Zeit der Depression ist in ihrer Wirkung gewissermaßen einem »heilenden Fieber« zu vergleichen, sie dient der Ausscheidung überalteter und nicht anpassungsfähiger Strukturen und stellt somit die notwendige Erneuerungsbasis für den folgenden Aufschwung sicher. Das Wirken unternehmerischer Kräfte bedingt dann die notwendige »Durchsetzung neuer Kombinationen«. Diese ergeben sich in folgenden fünf Fällen:

1. Herstellung eines neuen Produkts oder einer neuen Produktqualität.
2. Einführung einer neuen Produktionsmethode oder auch eines neuen Vertriebssystems, neuer Marketingmethoden und so weiter.
3. Erschließung neuer Absatzmärkte.
4. Eroberung neuer Bezugsquellen von Rohstoffen oder Halbfabrikaten.
5. Durchführung einer Neuorganisation, wie Schaffung einer Monopolstellung oder Durchbrechen eines Monopols.

Es ist dabei die »sichtbare Hand« (Alfred D. Chandler jr.) des Unternehmers, welche die »Durchsetzung neuer Kombinationen« und damit letzten Endes jenen »fundamentale(n) Antrieb bewirkt, der die kapitalistische Maschine in Bewegung setzt und hält«. Die Unternehmerfunktion ist auch nicht an das Eigentum an den Produktionsmitteln geknüpft; Schumpeter differenziert hier eindeutig zwischen »Kapitalisten« und »Unternehmer«: Unternehmer sind »alle, welche die für den Begriff konstitutive Funktion tatsächlich erfüllen«; also auch der »unselbständige« Manager, ja selbst »das Organ einer sozialistischen Gemeinschaft«[67] kann Unternehmer sein. Es kommt einzig und allein auf die Durchsetzung »neuer Kombinationen« an, nicht jedoch auf die Erfüllung »laufender Verwaltungsagenden« oder »die Funktionen laufender Betriebsleitung«, die das Unternehmen bloß »kreislaufmäßig weiterbetreibt«[68].

Der »Kapitalist« als Produzent der Ware »Kaufkraft«, als Finanzier, der »zwischen jenen, die neue Kombinationen durchsetzen wollen, und den Besitzern von Produktionsmitteln« steht, ist hingegen nach Schumpeter der »Ephor der Verkehrswirtschaft«. Denn »er ermöglicht die Durchsetzung der neuen Kombination, stellt gleichsam im Namen der Volkswirtschaft die Vollmacht aus, sie durchzuführen«[69]. Nicht das Eigentum an den Produktionsmitteln, sondern einzig und allein die Fähigkeit, das Neue durchzusetzen, konstituiert den »Unternehmer«.[70] Der Unternehmer aber ist das *primum agens*, eben das aktive Element der ökonomischen Entwicklung, der Auslöser einer mutativen Veränderung im wirtschaftlichen Organismus.

Mit seiner strikten Unterscheidung von »Unternehmer« und »Kapitalisten« zieht Schumpeter eine Trennlinie aufgrund funktionaler Kriterien, die konsequenterweise zu einer Ablehnung des in der Nationalökonomie bisher vertretenen »Risikoträgertheorems« führt: »Niemals ist der Unternehmer der Risikoträger ... Aber auch wenn der Unternehmer sich selbst aus früheren Unternehmergewinnen finanziert oder wenn er die Produktionsmittel seines ›statischen‹ Betriebes beisteuert, trifft ihn das Risiko als Geldgeber oder als Güterbesitzer, nicht aber als Unternehmer. Die Übernahme des Risikos ist in keinem Falle ein Element der Unternehmerfunktion. Mag er auch seinen Ruf riskieren, die direkte ökonomische Verantwortung eines Misserfolgs trifft ihn nie.«[71]

Finanziers, Gründer, Erfinder, Manager, Techniker, Juristen und so weiter können zwar unter bestimmten Umständen eine unternehmerische Dimension erlangen; in ihrer üblichen Routine, bei der sie sich »nirgends von der Basis des Gewohnten (entfernen)«, verkörpern sie jedoch nicht die ökonomische »Führerschaft«, die Schumpeter hier anspricht. Dem begrifflichen Gegensatz von Unternehmer und Nachahmer entspricht die Antithese von Innovation und Routine[72].

In Antithese zur marxschen Klassentheorie betont Schumpeter dabei die individuelle Situation des Unternehmers, sieht ihn aber nicht an eine bestimmte hierarchische soziale Position oder eine soziale Klassenzugehörigkeit gebunden[73]. Der Unternehmer ist vielmehr allein durch seine funktionale Stellung im Wirtschaftsprozess definiert.[74] Während der ›statische Wirt‹[75] routinehaft in den Bahnen des Kreislaufs agiert und, indem er sich bloß bereits bewährter Kombinationen der Produktionsmittel bedient, der Statik verhaftet bleibt, verkörpert der Unternehmer das dynamische Element[76]: »Diese Art Tätigkeit ist in erster Linie verantwortlich für die immer wiederkehrenden ›Aufschwünge‹, die den wirtschaftlichen Organismus revolutionieren, und für die immer wiederkehrenden ›Rückschläge‹, die durch das gleichgewichtsstörende Eindringen der neuen Produkte oder Methoden verursacht werden«[77]. Er ist als ein »Wirtschaftsführer« Angehöriger einer Leistungselite, charakterisiert »durch den Willen, durch die Kraft, ganz bestimmte Dinge anzufassen und sie real zu sehen –, durch die Fähigkeit, allein und voraus zu gehen, Unsicherheit und Widerstand nicht als Gegengründe zu empfinden, und sodann durch seine Wirkung auf andere, die wir mit ›Autorität‹, ›Gewicht‹, ›Gehorsamfinden‹ bezeichnen können …«[78] Er ist in erster Linie jemand, der die Eigenschaft besitzt, Innovationsmöglichkeiten nicht nur wahrzunehmen, sondern diese auch tatkräftig zu realisieren.

Erstens betritt er als Innovator wirtschaftliches Neuland, bewegt sich außerhalb der gewohnten Bahnen: Das Neue zu tun und nach dem Gewohnten zu handeln, sind zwei so verschiedene Dinge, wie einen Weg *bauen* und einen Weg *gehen*. Zweitens beruht die Durchsetzung neuer Kombinationen darauf, dass der innovatorische Unternehmer in seinem Denken und Handeln tradierte und internalisierte Gewohnheiten hinter sich lassen muss. Es bedarf einer besonderen Charakterstärke und Willensanstrengung, die neue innovative Idee als eine »reale Möglichkeit und nicht bloß als Traum und Spielerei« zu sehen. Drittens sieht sich der schöpferische Neuerer immer mit Widerständen seiner Umgebung konfrontiert, jedoch geht es darum, »die Opposition der durch die Neuerung bedrohten Gruppe zu brechen, die Kooperation mit jenen herzustellen, die zur Durchsetzung der neuen Kombination gebraucht werden und schließlich die Konsumenten dazu zu bringen, das Neue anzunehmen«[79]. In gewisser Weise unterläuft der schumpetersche Unternehmer das ökonomische Kalkül, reine Zweckrationalität würde ihm bloß hinderlich im Wege stehen; er ist eben kein *homo oeconomicus*, geht es ihm doch nicht so sehr um das Gewinnmotiv als um das Schaffen des Neuen selbst. Ein gewisses künstlerisches Element – das »Aufsuchen und Durchsetzen neuer Möglichkeiten« – unterscheidet das unternehmerische Tun vom platten Utilitarismus anderer Wirtschaftssubjekte: »Wenig kümmert er sich um die hedonischen Früchte seiner Taten. Er schafft rastlos, weil er nicht anders kann ...«[80] Worauf es ankommt – das, was den »Unternehmer« von dem in Routineabläufen verhafteten »Wirt« in erster Linie abhebt – ist dessen ökonomische »Führerschaft«[81]. Der solcherart zum »Wirtschaftsführer« stilisierte Unternehmer durchbricht den engen Bereich der Ökonomie, deren funktionelle Verknüpfung bloß langweilige »Wirtschaftsmenschen« produziert. Er ist hingegen eine Ausnahmeerscheinung von »auserlesener Begabung«, eben Künstler, Held, Führer.

Schumpeter, dessen Bewunderung vor allem der aristokratischen Elite früherer Zeiten galt und der in der Börse nur einen »armseligen Ersatz für den Heiligen Gral«[82] erblickte, hatte durchaus eine innere Affinität zu seinem Helden. Hinzu mag noch ein – angesichts Schumpeters Biografie, der sich sein Leben lang als ein von der Masse abgehobener Angehöriger einer Elite fühlte[83] – nicht zu unterschätzendes Moment hinzukommen, das Edgar Zilsel folgendermaßen charakterisiert: »... Verehrung hat noch mehr als Bewunderung die Neigung zu wachsen, den Helden zu idealisieren und zu transformieren. Hiezu kommt noch, dass Verehrung die Selbsteinschätzung des Verehrers im nachhinein beträchtlich erhöht, denn dieser glaubt sich durch Bande des Gefühles mit seinem Heiligsten verknüpft.«[84]

Wie stellt man fest, wer tatsächlich »Unternehmer« ist? Hier folgt Schumpeter einer sozialdarwinistischen Logik des *survival of the fittest*. Unternehmer ist, wer Erfolg hat; Misserfolg hingegen ist Ausdruck eines unternehmerischen Eignungsdefizits[85]. In jeder Gesellschaft gibt es nur einen bestimmten Prozentsatz von Menschen, den die Natur tatsächlich mit der entsprechenden Eignung ausgestattet hat, Unternehmerfunktionen auszuüben, also eine unternehmerische Leistungselite. In seiner Schrift »Unternehmerfunktion und Arbeiterinteresse«[86] nimmt er sogar explizit auf die darwinsche Deszendenztheorie Bezug, die angeblich auch den ökonomischen Analytiker die »wesentlich verschiedene Qualität der Erbmassen begreifen« ließ. Ging er ursprünglich von einem Kreislauf der Eliten aus, so rückt Schumpeter in seiner späteren Studie »Die sozialen Klassen im ethnisch homogenen Milieu« (1953) von der Vorstellung einer ständigen Fluktuation der Führungsschichten ab. Er konzediert schließlich eine überindividuelle Konstanz von Familien- und Klassenpositionen, die er aber im Gegensatz zu Vilfredo Paretos Elitenkreislauf auf eine »Vererbbarkeit von Führungseigenschaften« zurückführt. Seine Unternehmerkonzeption entspricht voll und ganz dem Prinzip der »natürlichen Auslese«: »Es liegt ein wahrer Kern in dem brutalen Schlagwort des typischen Bourgeois, das viele würdige Männer so irritierend finden: dass, wer auf diesen Leitern nicht aufzusteigen vermag, nicht wert ist, dass man sich aufregt.«[87] Schumpeters »Wirtschaftsführer« steht somit voll und ganz in der Tradition des Sozialbiologismus und ist dem Gedankengut von Herbert Spencer und Thomas Huxley verbunden.

Wenn etwa Schumpeter (wie auch Friedrich von Wieser, sein Lehrer an der Wiener Universität) immer wieder auf die »Führerrolle« rekurriert, wäre allerdings im historischen Kontext anzumerken: Der Begriff »Wirtschaftsführer« war schon in der Zeit vor dem Ersten Weltkrieg im ökonomischen Alltagsvokabular. Während aber in der deutschen Sprache dieser Begriff heute aufgrund der damit verbundenen historischen Bezüge mit negativen Assoziationen versehen ist, wird etwa in der angloamerikanischen Managementliteratur der Ausdruck *leadership* völlig unbefangen und ohne die damit verknüpften ideologischen Konnotationen verwendet. Die Figur des aus der Masse ragenden Individuums, in unserem Fall des »Wirtschaftsführers« nahm um die Zeit der Jahrhundertwende geradezu die Züge eines sozialwissenschaftlichen Paradigmas an. Was Schumpeters Konzeption des Wirtschaftsführertums mit beeinflusst haben dürfte, ist jedenfalls die geistige Verwandtschaft mit zeitgenössischen Elitentheorien. Eduard März geht sogar so weit, die Vermutung anzustellen, es sei Schumpeters Unternehmerkonzeption nur der Versuch, »den vagen Elitentheorien seiner Zeit einen konkreten wirtschaftstheoretischen Hintergrund zu geben«[88].

Wie jede Elite muss sich auch die unternehmerische ständig in ihrer Existenz bedroht fühlen. Üblicherweise stürzen Eliten dann, wenn sie in ihrem Bemühen, sich gegenüber der Masse abzuheben, nicht mehr erfolgreich sind. Obgleich Schumpeter seinen »Unternehmer« als metahistorische Kategorie verstand, verschloss er sich nicht der Erkenntnis, dass der seit dem letzten Drittel des 19. Jahrhunderts zu konstatierende »vertrustete Kapitalismus«, mit seiner Ersetzung der Konkurrenzökonomie durch den organisierten Wettbewerb, zu einer allmählichen Verdrängung des klassischen Unternehmertypus und der »individuellen Führerschaft« führen musste: Die kapitalistische Wirtschaft lief Gefahr, gerade wegen ihrer wirtschaftlichen Erfolge in den Sozialismus zu münden, denn sie »unterhöhlt nun die Rolle und mit der Rolle die soziale Stellung des kapitalistischen Unternehmers ... Persönlichkeit und Willenskraft (zählen) weniger in einer Umwelt, die sich an wirtschaftliche Veränderungen – am besten versinnbildlicht durch den unaufhörlichen Strom von neuen Konsum- und Produktionsgütern – gewöhnt hat ...«[89] Galt in der Konkurrenzökonomie mit ihrem »einzigartigen System der Auslese«[90] noch, dass »Erfolg der Unternehmung und Erfolg des Unternehmers ... eins« waren, so ändert sich dies in der »vertrusteten Wirtschaft« als »Folge jener Automatisierung des technischen und kommerziellen Fortschrittes«: Die bürokratisierte Großunternehmung besetzt ihre Führungspositionen nicht mehr in erster Linie nach dem Kriterium der Bewährung im Konkurrenzkampf, sondern »immer mehr Leute finden sich damit ab, ihre Funktionen zu erfüllen ... im Grunde genommen wird damit nur die sinkende Bedeutung der einzelnen Unternehmerpersönlichkeit ratifiziert«[91]; für sie gilt Schumpeters Diktum: »Bureau- und Kommissionsarbeit haben die Tendenz, die individuelle Aktion zu ersetzen.«[92]

Das was Schumpeter mit der von ihm diagnostizierten Selbstzerstörung des Kapitalismus – »... dem kapitalistischen System wohnt eine Tendenz zur Selbstzerstörung inne«[93] – und in seiner Diktion mit dem Übergang zum »Sozialismus« gleichsetzt, ist eigentlich der Durchbruch zum modernen »organisierten Kapitalismus«, die Übernahme der Funktionen des »Unternehmers« durch die so genannte »Technostruktur« (John Kenneth Galbraith): »Die frühere Romantik des geschäftlichen Abenteuers schwindet rasch dahin, weil vieles nun genau berechnet werden kann, was in alten Zeiten durch geniale Erleuchtung erfasst werden musste ... So zeigt der wirtschaftliche Fortschritt die Tendenz, entpersönlicht und automatisiert zu werden ... Da die kapitalistische Unternehmung durch ihre eigensten Leistungen den Fortschritt zu automatisieren tendiert, so schließen wir daraus, dass sie sich selbst überflüssig zu machen, – unter dem Druck ihrer eigenen Erfolge zusammenzubrechen tendiert.«[94] Allerdings war schon zu Schumpeters Lebzeiten zu erkennen, dass gerade auch diese Strukturen durch Unternehmer mit ausgeprägter *leadership* und zielgerichtetem Ehrgeiz, wie etwa Rockefeller, Ford oder Rathenau, wesentlich weiterentwickelt wurden.

Wie so oft, wenn ein Problem in das wissenschaftliche Bewusstsein tritt, werden offensichtlich auch in der ökonomischen Theorie manche Theoreme zeitlich parallel entwickelt.[95] Dies hängt wohl in erster Linie damit zusammen, dass derartige Theorien den »Zeitgeist« reflektieren: Der »Aufbruch der Moderne« um die Jahrhundertwende brachte unter anderem einen wahren Geniekult hervor und betonte die führende Rolle gesellschaftlicher Eliten. Tatsächlich finden sich durchaus Parallelen zwischen dem von Schumpeter angesprochenen Wirtschaftsführertum und der funktionalen Rolle der Eliten in der zeitgenössischen Philosophie und Soziologie (Friedrich Nietzsche, Wilhelm Dilthey, Vilfredo Pareto, Gaetano Mosca, Gustave Le Bon und so weiter) und Eduard März bezeugt, dass sein Lehrer Schumpeter »ein gründlicher Kenner der Elitetheorien des ausgehenden 19. Jahrhunderts ... war und dass er sich oft in einer gedanklichen Koketterie mit diesen Lehren gefiel«[96].

Schumpeter stand damit nicht allein da, dies zeigen andere Unternehmerkonzeptionen[97], die sein Unternehmertheorem gewissermaßen antizipierten. Darunter befand sich etwa der heute weithin vergessene Max Wirth, ein in Deutschland geborener, aber in Österreich wirkender und seinerzeit durchaus bekannter ökonomischer Autor[98], der – allerdings bereits mehr als eine Generation zuvor – ebenfalls einen Konnex zwischen der Tätigkeit des Unternehmers, dem kapitalistischen Entwicklungsprozess und den konjunkturellen Wachstumsschwankungen herstellte: »Dieser Prozess (der ökonomischen Dynamik, d. Verf.) ist eine Verschiebung der Gleichgewichte in den einzelnen Zweigen der Produktion und Konsumtion. Es ist dabei dem eigentümlichen Umstand Rechnung zu tragen, dass es nur sehr wenige produktive Köpfe, welche neue Erzeugnisse und Einrichtungen ins Leben rufen, gibt und dass die große Mehrzahl der Produzenten ihr Geschäft betreibt, wie es der Vater betrieben, oder dass sie von einzelnen genialen Erfindern ins Dasein gerufene Schöpfungen nachahmt. Wenn nun ein neues Erzeugnis den ersten Unternehmern außerordentlichen Nutzen bringt, so pflegt der Anblick des raschen und gewöhnlichen Verdienstes die Eifersucht und Habsucht vieler Produzenten aufzustacheln, so dass sie sich in Masse auf die Herstellung des neuen Produktes oder auf den Handel mit demselben werfen.«[99] Auch Schumpeters Zeitgenossen Werner Sombart und Friedrich von Wieser vertraten ähnliche Vorstellungen. Sombart bezeichnet etwa bereits 1909 den Unternehmer ebenfalls als den »Erfinder neuer Formen der Produktion, des Transportes und Absatzes, Entdecker neuer Absatzmöglichkeiten, Eroberer und Organisator ...«[100] Dem Unternehmer, dem Tatmenschen mit den ihm zugeschriebenen heroischen Eigenschaften, ist dabei eine spezifische geistige Disposition eigen: »Der rechte Unternehmer – der Eroberer! – muss die Entschlossenheit und die Kraft besitzen, alle Hindernisse, die sich ihm in den Weg stellen, niederzukämpfen. Ein Eroberer aber muss er sein auch in dem Sinne eines Mannes, der viel zu wagen die Kraft hat. Der alles einsetzt, um für sein Unternehmen Großes zu gewinnen.«[101] Und Friedrich von Wieser, der insgesamt Schumpeters Terminologie nachhaltig prägen sollte[102], wies ebenfalls auf die Bedeutung des »unternehmerischen Pioniers«[103] hin: »In den Anfängen war es vielmehr die hochgespannte Führeraufgabe, welcher der kapitalistischen Unternehmung den spezifischen Charakter einer bevorzugten Marktstellung gab. Die Männer, die als Pioniere die neuen Wege eröffneten, mussten Leute von auserlesener Begabung sein, die technisches Können mit Markterfahrung und organisatorischer Kraft vereinigten und noch dazu die Kühnheit des Neuerers besitzen mussten, die freilich oft in die rücksichtslose Härte des Kampfes ausartete.«[104]

Es erscheint mehr als plausibel, dass der notorische Vielleser Schumpeter diese Arbeiten kannte. Was seine eigene Konzeption aber davon abhebt, ist deren analytische Kraft und innere Systematik, die den Unternehmer in den Mittelpunkt einer ganzen Theorie der wirtschaftlichen Entwicklung stellt. Seine Konzeption des »Wirtschaftsführers« hat die Diskussion über die innovatorische Unternehmerfunktion und deren fundamentale Bedeutung für die Dynamisierung des Wirtschaftsprozesses nachhaltig geprägt. Sie beeinflusste darüber hinaus auch das Unternehmerbild einer breiteren Öffentlichkeit. Gerade in einer Periode wirtschaftlicher Umbrüche misst man der Existenz unternehmerischer Eliten wiederum eine zentrale strategische Bedeutung für eine Erneuerung der Wirtschaft bei. In Zeiten der ökonomischen und politischen Instabilität, in denen das irrationale Moment nur allzu gerne sich wieder den Tatmenschen zuwendet, negligiert man auch leichter den sozialdarwinistischen Gehalt, der in Schumpeters Theorem des »Wirtschaftsführers« enthalten ist. Wie John Kenneth Galbraith nicht ohne hintergründige Ironie festgestellt hat: »Der Unternehmer tat – und tut – viel für die Wirtschaftswissenschaft. In die düstere Gesellschaft von Arbeitern und Angestellten, Direktoren mit feierlichen Mienen und Bürokraten aller Art aus den großen Kapitalgesellschaften bringt er Licht hinein. Im Unterschied zum Kapitalisten beschwert den Unternehmer kein marxsches Schuldgefühl. Diese Sonderstellung, die er mit nicht geringem Nimbus bis heute innehat, ist das entscheidende Vermächtnis von Schumpeter.«[105]

Schumpeter unterlag wohl einem Irrtum, als er das baldige Ende des Kapitalismus prophezeite, aber selbst noch seine Fehlprognose[106], die These, dass der Kapitalismus nicht überleben könne, liefert faszinierende Einsichten in die Funktionsweise der politischen Ökonomie: Für Schumpeter ist der individuelle, der innovative

Unternehmer der eigentliche Motor der kapitalistischen Entwicklung. In seinem Streben nach Gewinn führt er ständig neue Produkte auf dem Markt ein und bringt so die Dynamik in die Wirtschaft. Dem wirkt jedoch das Bemühen der Gesellschaft nach mehr sozialer Gerechtigkeit entgegen, was zwangsläufig zu einer immer stärkeren Einschränkung der unternehmerischen Tätigkeit führt. Die Aushöhlung des Privateigentums und anderer institutioneller Rahmenbedingungen des Kapitalismus, die schwindende Funktion des Unternehmers, die feindselige Haltung der Intellektuellen gegenüber dem Kapitalismus schwächen insgesamt jene sozialen Schichten, welche die Wirtschaftsbourgeoisie beschützen. Dadurch besteht die Möglichkeit, dass der Kapitalismus eines Tages seine Kraft verliert und als Wirtschafts- und Gesellschaftssystem überwunden wird. Die Zukunft des Kapitalismus ist demnach der Sozialismus[107] – nicht aufgrund der Schwäche, sondern gerade wegen des Erfolges des kapitalistischen Systems.

Gerade das Gegenteil scheint aber heute der Fall zu sein, was nur belegt, dass man sich als Sozialwissenschafter vor Prognosen eher hüten sollte. Sicher war nicht vorhersehbar, dass wir in den neunziger Jahren eine neoliberale Wende erleben würden[108], die ein Zurückdrängen des Staatseinflusses zugunsten des Marktregulativs und damit eine Renaissance der *visible hand* (Alfred D. Chandler jr.) des Unternehmers mit sich gebracht hat.[109] Aber es zeigte sich selbst in den so genannten »sozialistischen« Ökonomien, dass in jeder Wirtschaftsordnung ohne einen entsprechenden dispositiven Faktor auch die übrigen Produktionsfaktoren (Boden, Arbeit und Kapital), gleichsam »tote« Faktoren darstellen.[110] Das bedeutet aber, wie bereits Anton Burghardt festgestellt hat, der Unternehmer ist »keine durch Willkür oder despotische Anmaßung konstituierte Rechtsfigur, sondern ein Faktor, bei dessen Absenz ein arbeitsteilig ausgeführtes Wirtschaften nicht vollziehbar« wäre.[111] Mit anderen Worten: Selbst in einer nichtkapitalistischen Gesellschafts- und Wirtschaftsordnung müssen zumindest rudimentäre unternehmerische Verhaltensweisen vorhanden sein, um eine dynamische ökonomische Entwicklung zu ermöglichen. Sobald man ganz allgemein verschiedene Träger von unternehmerischen Funktionen differenziert, neben der Eigentümerfunktion und Innovationsleistung auch die grundlegende Dispositionserteilung über die Produktionselemente sowie das Treffen wichtiger Entscheidungen in Produktion, Distribution und Dienstleistungen inkludiert, so erkennt man, dass alle wirtschaftliche Tätigkeit in hohem Maß unternehmerische Menschen voraussetzt.

Anmerkungen

1 Der erste amerikanische Lehrstuhl für *Entrepreneurship* wurde zum Beispiel 1973 an der Wharton Business School in Pennsylvania eingerichtet. Mittlerweile gibt es hier das Sol C. Snider Entrepreneurial Research Center und das Goergen Entrepreneurial Management Program.
2 Die Zeit, Nr. 45/2000.
3 Etwa unter den Adressen http://www.entrepreneur.com und http://startup.wsj.com/d/entrepreneurial.html, die sich ebenfalls vor allem an Wirtschaftsakademiker wenden. WWW-Adressen: Stand 16. November 2000.
4 J. A. Schumpeter, Theorie der wirtschaftlichen Entwicklung (2. Aufl. 1926): im Folgenden zit. als TWE; Ders., Capitalism, Socialism and Democracy (1942); dt.: Kapitalismus, Sozialismus und Demokratie (4. Aufl. 1974): im Folgenden zit. als KSD; Ders., Business cycles. A theoretical, historical and statistical analysis of the capitalist process, 2 Bde. (1939); dt.: Konjunkturzyklen (1961); Ders., Der Unternehmer in der Volkswirtschaft von heute, in: Ders., Aufsätze zur Wirtschaftspolitik, hrsg. v. W. F. Stolper u. C. Seidl (1985); Ders., Die sozialen Klassen im ethnisch homogenen Milieu, in: Ders., Aufsätze zur Soziologie (1953).
5 Schumpeter, KSD, 253. Wörtlich lautet das Zitat: »So sozialisiert die moderne Unternehmung, obschon sie selbst ein Produkt des kapitalistischen Prozesses ist, das bürgerliche Denken; sie verengert [sic!] unerbittlich den Spielraum der kapitalistischen Motivation, und nicht nur das, – sie wird letzten Endes ihre Wurzel zerstören«. Schumpeter, KSD, 252.
6 Schumpeter, KSD, 252. Der Skeptizismus eines Joseph A. Schumpeter, wonach der Kapitalismus sich gerade aufgrund seiner großen Erfolge in ein sozialistisches System transfor-

mieren würde, beruht in erster Linie auf seiner Einschätzung der künftigen Rolle des Unternehmers. Seiner Ansicht nach kommt es zum Absterben der unternehmerisch-innovatorischen Funktion, da diese von *managerial teams* übernommen wird, der »Technostruktur« in der Diktion von John Kenneth Galbraith. J. K. Galbraith, The New Industrial State (1967), 86 ff. Vgl. auch: L. Hannah, The Rise of the Corporate Economy (1976), 3f. Weiters heißt es bei Schumpeter: »Da die kapitalistische Unternehmung durch ihre eigensten Leistungen den Fortschritt zu automatisieren tendiert, so schließen wir daraus, dass sie sich selbst überflüssig zu machen, – unter dem Druck ihrer eigenen Erfolge zusammenzubrechen tendiert.« Schumpeter, KSD, 218.

7 Die typologisierende Verfahrensweise, für die Max Weber und Otto Hintze mit ihrer Formulierung des Typusbegriffes (Real- und Idealtypus) die methodischen Grundlagen schufen, ist in diesem Zusammenhang wichtig. Theodor Schieder hat diesen Typusbegriff für die sozialhistorische Forschung nutzbar zu machen versucht; für die »Unternehmergeschichte«, welche innerhalb der Wirtschafts- und Sozialgeschichte gewissermaßen als Residuum einer individualisierenden Betrachtungsweise anzusehen ist, ergibt sich daraus das Postulat nach einer adäquaten Systematisierung, fortlaufenden Ordnung und geistigen Durchdringung des in Form von Firmengeschichten und Unternehmerbiografien aufbereiteten Materials – ein Forschungsprogramm, welches zumindest unter komparativem Aspekt allerdings noch nicht in befriedigender Weise geleistet worden ist. Vgl. dazu W. Zorn, Typen und Entwicklungskräfte deutschen Unternehmertums im 19. Jahrhundert, in: VSWG 44 (1957), 61 ff; Vgl. auch: G. H. Evans, The Entrepreneur and Economic Theory. A Historical and Analytical Approach, in: American Economic Review XXXIX (1949); P. Kilby (Hrsg.), Entrepreneurship and Economic Development (1971).

8 F. Redlich, Der Unternehmer. Wirtschafts- und sozialgeschichtliche Studien (1964).
9 G. Turin, Der Begriff des Unternehmers (1947).
10 Vgl. auch T. Pierenkemper, Unternehmensgeschichte. Eine Einführung in ihre Methoden und Ergebnisse, in: Grundzüge der modernen Wirtschaftsgeschichte, Bd. 1 (2000), 185–197.
11 Überliefert ist zum Beispiel der Ausspruch des Fürsten Alfred Windischgrätz: »Geschäfte macht kein Windischgrätz!«
12 R. E. Pumphrey, The Introduction of Industrialists into the British Peerage: A Study in Adaption of Social Institutions, in: American Historical Review LXV (1959).
13 Bernard de Mandeville bringt dies in seiner The Fable of the Bees. Or, private vices, publik benefits (1. Aufl. 1705) auf die einprägsame Formel: »Der Allerschlechteste sogar, fürs Allgemeinwohl tätig war.«
14 J. Kocka, Industrielles Management. Konzeptionen und Modelle in Deutschland vor 1914, in: VSWG 56 (1969), 332; Vgl. auch: M. W. Flinn, The Origins of the Industrial Revolution (1966), 79; F. Harbison & Ch. A. Myers, Management in the Industrial World. The International Analysis, (1959), 8 ff; H. Matis & D. Stiefel, Unternehmenskultur in Österreich. Ideal und Wirklichkeit (1987), 14-19.
15 Redlich, Unternehmer, 175.
16 Den Begriff *Management* im modernen Sinn verwendet Jeremy Bentham bereits 1791 im Titel seines »Panopticon«; er ist somit wesentlich älter als Redlich (Unternehmer, 175) vermutet.
17 Vgl. R. Morris, The Economic Theory of »Managerial« Capitalism (1964), 23 ff; J. Kocka, Industrielles Management, 714 ff; H. Hartmann, Der deutsche Unternehmer. Autorität und Organisation (1968), 67 ff; C.W. Mill, The Power Elite (1956), 121 ff.
18 Vgl. allgemein E. T. Penrose, The Growth of the Firm, 2.

Aufl. (1980); R. Tann, Development of the Factory (1970).
19 H. Emminghaus, Allgemeine Gewerkslehre (1868), 162 u. 169.
20 Vgl. Beispiele bei H. Rosenberg, Große Depression und Bismarckzeit: Wirtschaftsablauf, Gesellschaft und Politik in Mitteleuropa (1967).
21 Kocka, Industrielles Management, 714 ff.; F. Redlich & A. D. Chandler jr., Recent Developments in American Business Administration and their Conceptualization, in: Weltwirtschaftliches Archiv 86 (1961), 103–130.
22 Kocka, Industrielles Management, 714 ff.
23 J. Burnham, The Managerial Revolution (1941).
24 Galbraith, New Industrial State, 96.
25 Vgl. auch Th. Pütz, Das Bild des Unternehmers in der Nationalökonomie (1935); H. Sauermann, Die Gestalt des Unternehmers (1937); P. Kilby (Hrsg.), Entrepreneurship and Economic Development (1971).
26 J. Robinson, Die Gesellschaft als Wirtschaftsgesellschaft (1971), 79.
27 Daraus entwickelt sich häufig so etwas wie eine »Corporate Culture«, eine weitgehende Selbstidentifikation mit der Firma und den vorgegebenen Unternehmenszielen. Die modernen betrieblichen Großorganisationen entwickeln dazu eigene Rituale, »Glaubenssätze« und festgeschriebene Verhaltensweisen. Vgl. T. E. Deal & A. A. Kennedy, Corporate Culture. The Rites and Rituals of Corporate Life (1982).
28 Vgl. für England: S. Pollard, The Genesis of Modern Management. A Study of the Industrial Revolution in Great Britain (1965); P. L. Payne, British Entrepreneurship in the Nineteenth Century (1974).
29 L. Urwick & E. F. Brech, The Making of Scientific Management, 2 Bde. (1949).
30 Pioniere des so genannten *Scientific Management* waren

neben Frederick Winslow Taylor das Ehepaar Frank und Liliane Gilbreth, die eine Reihe von Bewegungsstudien zur Optimierung des Arbeitsprozesses anstellten, sowie Henry Gantt, der Erfinder des Fließbandes.

31 Kocka, Industrielles Management, 341 f.
32 S. Lilley, Technischer Fortschritt und industrielle Revolution 1700–1914, in: C. Cipolla & K. Borchardt (Hrsg.), Europäische Wirtschaftsgeschichte, Bd. 3: Die industrielle Revolution (1976), 160 ff.
33 J. J. Bourcart, Die Grundsätze der Industrieverwaltung. Ein praktischer Leitfaden (1874). Zitiert bei Kocka, Industrielles Management, Anmerkung, 339.
34 W. Sombart, Der kapitalistische Unternehmer, in: Archiv für Sozialwissenschaften und Sozialpolitik (1909), 689 ff.
35 O. Ullrich, Technik und Herrschaft. Vom Handwerk zur verdinglichten Blockstruktur industrieller Produktion (1979), 216.
36 Vgl. H. Daems & H. van der Wee (Hrsg.), The Rise of Managerial Capitalism (1974), 5 ff.
37 Dazu und zum Folgenden Kocka, Industrielles Management, 368 ff.
38 A. D. Chandler jun., The Visible Hand. The Managerial Revolution in American Business (1977), 376.
39 Kocka, Industrielles Management, 354 f.
40 T. J. Peters & R. H. Waterman jr., In Search of Excellence. Lessons from America's Best-Run Companies (1982), 6. Vgl. auch Ch. Barnard, The Function of the Executive (1968); H. J. Leavitt, Managerial Psychology, 4. Aufl., (1978); J. G. March & J. P. Olson, Ambiguity and Choice in Organisations (1976); J. Mintzberg, The Nature of Managerial Work (1973); P. Lawrence & J. Lorsch, Organisation and Environment (1967).
41 E. März, Joseph Alois Schumpeter, Forscher, Lehrer und Politiker (1983), 19.
42 E. J. Häberle, Strukturwandel der Unternehmung. Unter-

suchungen zur Produktionsform der bürgerlichen Gesellschaft in Deutschland von 1870–1914 (1979), 60; vgl. auch A. A. Berle & G. C. Means, The Modern Corporation and Private Property (1932). Siehe zu diesem Problem auch die überaus umfangreiche Literatur zum Principal-Agent-Modell.

43 Scott Lash & John Ury, The End of Organized Capitalism (1987).

44 R. Braun & W. Fischer & H. Großkreutz & H. Volkmann (Hrsg.), Industrielle Revolution, Wirtschaftliche Aspekte (1972), 82.

45 Siehe auch A. E. Murphy, Richard Cantillon: Entrepreneur and Economist (1986), bes. 254 f.

46 Der Begriff »Entrepreneur« selbst leitet sich vermutlich ab vom lateinischen *Interpre(he)ndere* (unternehmen), wobei *prendere* auch nehmen, im Sinn von wegnehmen bedeutet. Aber auch die etymologische Ableitung im Deutschen ist durchaus aufschlussreich: Während das alte deutsche Verbum »unternehmen« schon im Laufe des 18. Jahrhunderts neben »enterprenieren« auf gewerbliche Bestätigung angewandt wurde, erscheint das Substantiv »Unternehmer« erst Ende des 18. und Anfang des 19. Jahrhunderts. In der 1801 erschienenen 2. Auflage von Johann Christoph Adelungs Grammatisch-Kritischem Wörterbuch fehlt es noch und in Joachim Heinrich Campes in demselben Jahr erschienen Wörterbuch zur Erklärung und Verdeutschung der unserer Sprache aufgedrungenen fremden Ausdrücke ist »Unternehmer« als Ersatz für das gebräuchliche Fremdwort »Entrepreneur« empfohlen. In Johann Georg Krünitz »Ökonomisch-Technologischer Encyclopädie« (1773–1858) erscheint der einschlägige Aufsatz noch unter dem Stichwort »Entrepreneur«. Im Grimm'schen Wörterbuch wird unter dem Stichwort »Unternehmer« auf das Vorbild des englischen *enterpriser* und des französischen *entrepreneur* hingewiesen;

beim Verbum »unternehmen« ist vermerkt: »in mannigfacher volkswirtschaftlicher, gewerblicher, industrieller usw. bethätigung«. Der Begriff »Unternehmung« findet sich hingegen noch im Konversationslexikon von Brockhaus, Ausgabe 1863, im Sinn einer Aktion schlechthin, also noch nicht als Bezeichnung für ein wirtschaftlich-rechtliches organisiertes Gebilde (vgl. auch Redlich, Unternehmer, 171).

47 Schumpeter, TWE, 217.

48 Der Begriff *Management* dürfte m. E. in seiner modernen Bedeutung auf den Utilitaristen Jeremy Bentham zurückgehen, der ihn bereits 1791 im Untertitel seines »Panopoticon« verwendet. Die Etymologie des englischen Verbs *to manage* deutet auf lateinische Wurzeln: *manus agere*, das heißt an der Hand führen, bzw. als weitere Möglichkeit aus dem Lateinischen abgeleitet: *mansionem agere*, das heißt, das Haus für jemanden bestellen, die Haushaltsführung besorgen, was wiederum mit dem Organisationsprinzip des »ganzen Hauses« (*oikos, oeconomia*) zusammenhängen dürfte. Vgl. auch B. Bessai, Eine Analyse des Begriffs Management in der deutschsprachigen Literatur, in: Ztschr. f. betriebswirtschaftlichen Forschung, 26. Jg. (1974), 353 ff.; D. A. Wren, The Evolution of Management Thought (1987), 11. Letzterer weist darauf hin, dass Managementkonzeptionen stets vor dem Hintergrund des kulturellen Rahmens zu beurteilen sind; somit ist es durchaus zulässig auch für die damalige Zeit von Management zu sprechen. Vgl. den Originaltitel: Jeremy Bentham, Panopticon; or, the inspection house: containing the idea of a new principle of construction applicable to any sort of establishment, in which persons of any description are to be kept under inspection; and in particular to penitentiary-houses, prisons, houses of industry, workhouses, poor-houses, manufactories, mad-houses, lazarettos, hospitals, and schools; with a plan of management

adapted to the principle: in a series of letters, written in the year 1787, from Crecheff in White Russia, to a friend in England. By Jeremy Bentham, Dublin, printed: London, reprinted; and sold by T. Payne, at the Mews Gate (1791).

49 Vgl. Redlich, Unternehmer, 175.
50 K. Wiedenfeld, Das Persönliche im modernen Unternehmertum (1911).
51 Vgl. auch J. A. Schumpeter, Der Unternehmer in der Volkswirtschaft von heute, in: B. Harms (Hrsg.), Strukturwandlungen der deutschen Volkswirtschaft, Bd. 1 (1928), 295–312.
52 E. Salin, Der Gestaltwandel des europäischen Unternehmers, in: Offener Horizont. Festschrift für Karl Jaspers, hrsg. v. K. Piper (1953).
53 F. Redlich, Entrepreneurship in the initial Stages of Industrialization, in: Weltwirtschaftliches Archiv, Bd. 75 (1955).
54 K. Bachinger, Unternehmer und wirtschaftliche Entwicklung. Das Unternehmerbild im Werk Joseph A. Schumpeters, in: Unternehmer und Unternehmung (Festschrift f. Alois Brusati). Zeitschrift für Firmengeschichte und Unternehmerbiographie 13/14 (1989), 175–190.
55 Schumpeter, TWE, 162 f.
56 Ebd.
57 Der Begriff *innovator* oder *innovative pioneer* kommt in der deutschen Erstauflage noch nicht vor, vielmehr spricht Schumpeter vom »technischen Schöpfer«, »einer besonderen Klasse von Wirtschaftssubjekten« und vom »Wirtschaftsführer«. Schumpeter, TWE, 162 u. 170.
58 Hingegen misst Redlich auch der so genannten »derivaten Innovation« eine wichtige Funktion zu. Vgl. Payne, British Entrepreneurship, 13.
59 KSD, 137 f.
60 Vgl. H. Matis, Der Unternehmer als »Wirtschaftsführer«.

Das Unternehmerbild Joseph A. Schumpeters im Spiegel zeitgenössischer Elitentheorien, in: Herbert Matis & Dieter Stiefel (Hrsg.), Ist der Kapitalismus noch zu retten? 50 Jahre Joseph A. Schumpeter: Kapitalismus, Sozialismus und Demokratie (1993), 99 – 124.

61 Vgl. Redlich, Unternehmer, 178.
62 Peters & Waterman, Search of Excellence, 206.
63 TWE, 101.
64 R. Musil, Der Mann ohne Eigenschaften (1987), 646.
65 Ebenda, 292.
66 KSD, 215.
67 TWE, 111.
68 TWE, 116.
69 TWE, 110.
70 TWE, 171 u. 172.
71 TWE, 112 Fußnote u. 217.
72 März, Schumpeter, 46.
73 Vgl. Bachinger, Unternehmer, 180; ganz generell trifft Mark Christopher Cassons Feststellung zu: »... the Austrian school of economics, which takes the entrepreneur more seriously, is committed to extreme subjectivism – a philosophical standpoint which makes a predictive theory of the entrepreneur impossible.« M. C. Casson, The Entrepreneur. An Economic Theory (1982), 10.
74 Schumpeter, Wellenbewegung des Wirtschaftslebens, Archiv f. Sozialwissenschaft (1914), zit. in TWE, 119, Fußnote 20.
75 »Das Entscheidende ist, dass sich der Wirt ... nirgends von der Basis des Gewohnten entfernt.« TWE, 119.
76 Während der »statische Wirt« – aufgrund dessen, dass er sich bloß alter Kombinationen bedient – als einziges Entgelt einen »Unternehmerlohn« erhält, realisiert der innovatorische »Unternehmer« einen »Unternehmergewinn« aufgrund der durch seine innovative Neukombination von Produktionsmitteln erzielten monopolistischen Marktposition.

77 KSD, 214 f.
78 TWE, 129.
79 Bachinger, Unternehmer, 179.
80 TWE, 137.
81 TWE, 128 f.
82 KSD, 223.
83 Dafür finden sich zahlreiche Belege in seiner Biografie von R. L. Allen, Opening Doors. The Life and Work of Joseph Schumpeter, 2 Bde. (1991).
84 E. Zilsel, Die Geniereligion (1990), 162.
85 Bachinger, Unternehmer, 187.
86 Schumpeter, Unternehmerfunktion und Arbeiterinteresse, in: Ders., Aufsätze zur Wirtschaftspolitik, hrsg. v. W. F. Stolper & C. Seidl (1985), 170.
87 KSD, 300.
88 März, Schumpeter, 99.
89 KDS, 215 u. 217.
90 J. A. Schumpeter, Der Unternehmer in der Volkswirtschaft von heute, in: Ders., Aufsätze zur Wirtschaftspolitik, hrsg. v. W. F. Stolper & C. Seidl (1985), 239 ff.
91 Schumpeter, Unternehmer, 241 f.
92 Schumpeter, KSD, 216.
93 KSD, 261.
94 KSD, 215 u. 218.
95 In den Naturwissenschaften ist das bekannteste Beispiel die fast zeitgleiche Entwicklung der Evolutionstheorie durch Darwin und Wallace. Erinnert sei auch an die parallele Entstehung des neoklassischen Marginalismus in Cambridge, Wien und Lausanne.
96 März, Schumpeter, 99.
97 Vgl. zum Beispiel Carl Knies, Geld und Credit, 2. Bde. (1873 u. 1879). Zweite Abteilung: Der Credit (1879), 187 ff.
98 Max Wirth, geboren 1822 in Breslau, widmete sich nach dem rechts- und staatswissenschaftlichen Studium der

Publizistik und war von 1865–1873 Direktor des Schweizer Statistischen Büros. Er veröffentlichte u. a. Grundzüge der Nationalökonomie (4 Bde.), Geschichte der Handelskrisen und zwölf weitere nationalökonomische Werke. Er war Mitarbeiter des Londoner *Economist* und der Wiener *Neuen Freien Presse*. Vgl. Künstler- und Schriftstellerlexikon Das geistige Wien, 3. Jg., hrsg. v. Ludwig Eisenberg (1891), 406.

99 M. Wirth, Oesterreichs Wiedergeburt aus den Nachwehen der Krisis (1878), 24.

100 W. Sombart, Der kapitalistische Unternehmer, in: Archiv f. Sozialwissenschaft u. Sozialpolitik 38 (1909), 689 f.

101 W. Sombart, Der Bourgeois. Zur Geistesgeschichte des modernen Wirtschaftsmenschen (München-Leipzig 1914), 71.

102 E. Streissler, Arma virumque cano. Friedrich von Wieser, der Sänger als Ökonom, in: Norbert Leser (Hrsg.), Die Wiener Schule der Nationalökonomie (1986), 68.

103 Streissler (1986) 69; Ders., Schumpeter's Vienna and the Role of Credit in Innovation, in: H. Frisch (Hrsg.), Schumpeterian Economics (1981), 65.

104 Vgl. F. v. Wieser, Theorie der gesellschaftlichen Wirtschaft, in: Grundriss der Sozialökonomik I/1. Grundlagen der Wirtschaft, 2. Aufl. (1924), 252 ff.

105 John K. Galbraith, Die Entmythologisierung der Wirtschaft. Grundvoraussetzungen ökonomischen Denkens (1987), 219.

106 Vgl. A. Heertje (Hrsg.), Schumpeter's Vision: Capitalism, Socialism and Democracy after 40 Years (1981).

107 Zurecht weist Jörg Niehans in seinem am 22. Jänner 1950 in der *Neuen Zürcher Zeitung* Nr. 145 erschienenen Nachruf auf Schumpeter darauf hin, dass seine Vorstellung von Sozialismus sich nicht mit der üblichen deckte.

108 Nach Pierre Bourdieu ist dies primär eine Folge der gegenwärtig zu beobachtenden »Entpolitisierung der Poli-

tik«. In *Le Monde*, Dez. 1989: L'essence de neoliberalism.

109 Chandler paraphrasiert hier den Begriff der »unsichtbaren Hand« von Adam Smith, wonach allein aufgrund des Eigennutzes der einzelnen Wirtschaftssubjekte ganz ohne Zutun von außen ein allgemeiner Vorteil entsteht, indem er auf die Vorstellung einer prästabilierten Harmonie regressiert. Chandler hebt demgegenüber die gestaltende Rolle der unternehmerischen Entscheidungsträger hervor.

110 Zur Existenz einer Entrepreneur-Schicht in der ehemaligen Sowjetunion vgl. A. Yudanov, Economic change and the national question in twentieth-century USSR/Russia: the enterprise level, in: Economic Change and the National Question in Twentieth-century Europe, hrsg. v. A. Teichova & H. Matis & J. Pátek (2000), 404–424. Für die Bezeichnung der Managerschicht verwendete man in den »Ostblockstaaten« häufig den Begriff der »wissenschaftlich-technischen Intelligenz«.

111 A. Burghardt, Einführung in die Allgemeine Soziologie (1972), 32 f.

Der Autor

Herbert Matis, geboren 1941, Studium und Doktorat an der Universität Wien, Habilitation 1971, seit 1972 ord. Universitätsprofessor für Wirtschafts- und Sozialgeschichte an der Hochschule für Welthandel, nunmehrige Wirtschaftsuniversität Wien. 1983–84 Rektor, Geschäftsführer des Kardinal-Innitzer-Fonds und der Senator Wilhelm-Wilfling-Stiftung, 1997–2000 Vizepräsident des Fonds zur Förderung der wissenschaftlichen Forschung. Wirkliches Mitglied der Österreichischen Akademie der Wissenschaften, Fellow der Royal Historical Society. Forschungsschwerpunkte: Bank- und Industriegeschichte, Firmengeschichte, Forschungsmanagement, Geschichte des ökonomischen Denkens, Österreichische Wirtschaftsgeschichte, Unternehmenskultur, Allgemeine Wirtschaftsentwicklung 18. bis 20. Jahrhundert. Zahlreiche Publikationen, unter anderen Österreich und die Tschechoslowakei 1918–1938. Die wirtschaftliche Neuordnung in Zentraleuropa in der Zwischenkriegszeit, Hg. mit Alice Teichova, 1996; Zwischen Anpassung und Widerstand. Die Akademie der Wissenschaften in den Jahren 1938–1945, 1997; Krise des Steuerstaats – Steuerstaat in der Krise? Plädoyer für einen Funktionswandel des modernen Steuerstaats, gem. mit Dieter Stiefel, 1997; Die Wundermaschine – Die unendliche Geschichte der Datenverarbeitung, 2002.